KB204135

JUM 성경읽기표와 함께 하는

일독큐티

JUM 성경읽기표와 함께 하는 일독 큐티 4월-6월

초판 1쇄 발행 2016년 3월 15일

지은이 문정웅

펴낸이 박종태
펴낸곳 비전북
출판등록 2011년 2월 22일 제396-2011-000038호

주소 경기도 고양시 일산서구 송산로 499-10(덕이동)
전화 (031)907-3927
팩스 (031)905-3927
이메일 visionbooks@hanmail.net

책임편집 강인구
디자인 참디자인(02-3216-1085)
마케팅 강한덕, 임우섭
관리 정문구, 맹정애, 강지선, 김병수, 김기범
인쇄 및 제본 예림인쇄

공급처 (주)비전북
전화 (031)907-3927
전화 (031)905-3927

ISBN 979-11-86387-13-9 (03230)
979-11-86387-11-5 (04230) 세트

*잘못된 책은 바꾸어 드립니다.
*책값은 뒤표지에 있습니다.

JUM 성경읽기표와 함께 하는

일독큐티

4월–6월

문정웅 지음

믿음을 지키고 신앙의 위기에서 빠져나올 때도 말씀 외에는 방법이 없습니다.

신앙생활을 십 년을 해도 성경을 한 번도 전체적으로 읽지 못한 경우가 많습니다. 교회의 새벽예배와 주일예배 그리고 성경공부가 뒷받침되지 않으면 성경일독은 바쁜 현대 사회의 구조 속에서는 실천하기 어려운 일입니다. 목회자라 할지라도 자신에게 익숙한 본문을 중심으로 설교하다 보면 성도들에게는 말씀을 읽으라고 권하지만 정작 자신은 일에 치우치는 경우도 있습니다.

비전북

차 례

6월 지혜 wisdom 시편 46편 – 잠언 31장 • 145

서문

신앙생활을 십 년을 해도 성경을 한 번도 전체적으로 읽지 못한 경우가 많습니다. 교회의 새벽예배와 주일예배 그리고 성경 공부가 뒷받침되지 않으면 성경일독은 바쁜 현대 사회의 구조 속에서는 실천하기 어려운 일입니다. 목회자라 할지라도 자신에게 익숙한 본문을 중심으로 설교하다 보면 성도들에게는 말씀을 읽으라고 권하지만 정작 자신은 일에 치우치는 경우도 있습니다. 그렇게 우리는 구조적으로 바쁘게 돌아가는 현실에서 변명거리를 찾게 됩니다.

그러나 사도들이 결단하고 말씀에 매진하는 구조로 교회를 바꾼 것처럼 신앙생활에도 변화가 필요합니다. 그것이 바로 〈일독 큐티〉와 JUM 성경읽기표입니다. 이것을 이용하면 교회의 일 년 행정과 말씀 준비가 굉장히 수월해집니다. 무엇보다도 성경을 편식 없이 전체적으로 모두 읽고 나누게 됩니다. 〈일독 큐티〉는 JUM 성경읽기표를 통하여 교회의 영적 성장과 행정의 단순화를 이루기 위하여 오랜 현장 연구와 적용을 통하여 탄생하였습니다. 〈일독 큐티〉는 말씀을 읽고 깨닫고 행하는 것이 신앙의 중심이 되도록 성도님들을 돕기 위한 교회의 노력입니다.

〈일독 큐티〉는 JUM 성경읽기표의 날짜별 말씀 중에서 그날의 본문을 정하고 나눌 수 있도록 구성되어 있습니다. 주일예배와 새벽예배에 동일하게 적용하고 절기에도 활용할 수 있습니다. 특히 주일예배 말씀은 성경공부에 쓰기 가장 좋은 교재입니다. 왜냐면 이미 한 번 목사님을 통해 말씀을 들었기 때문에 나눔에 시간을 더 할애하고 깊이 새길 수 있기 때문입니다.

누구나 표 안에서 본문을 선택하고 구성하여 창의적으로 만들 수도 있습니다. 표에 나와 있는 말씀의 순서대로 교회의 모든 새벽예배와 주일예배 그리고 성경 공부가 일관성 있게 진행됩니다. 그래서 표대로 꾸준히 읽으면 성경을 일 년에 일독할 수 있도록 구성되어 있습니다. 그리고 1월 1일에 창세기를 시작으로 12월 31일 요한계시록으로 마치고 다시 돌아가기 때문에 매년 더 깊어지는 교회의 영성과 말씀의 깊이를 체험하게 됩니다. 이것은 이미 6년 동안 검증되었습니다.

믿음을 지키고 신앙의 위기에서 빠져나올 때도 말씀 외에는 방법이 없습니다. 말씀을 읽고 믿음 위에 서 있는 성도들이 신앙을 지키고 교회를 지키고 가정을 지킵니다. 교회에 위기가 왔을 때 JUM 성경읽기표와 〈일독 큐티〉를 통하여 말씀으로 승리하여 끝까지 교회를 지키는 모습을 보았습니다. 말씀이 회복되야 기도가 회복되고 영적인 성숙이 일어납니다. 문제없는 교회나 인생은 없지만 그것을 이겨내는 길은 말씀 속에 있습니다. 이 책이 조금이나마 그 길에 도움이 되기를 간절히 바랍니다.

저자 문정웅

감사의 글

먼저 이 책이 있도록 쓰시고 인도하신 오직 하나님만이 영광 받으시기를 소원합니다. 하나님이 주신 마음으로 어려움 속에서도 꿋꿋이 함께해 준 고수현 사모와 사랑하는 딸 예주, 예나에게 감사와 사랑의 마음을 전합니다.

특히 한순간도 빠짐없이 기도와 사랑으로 키워 주시고 희생해 주신 나의 사랑하는 아버지 문수근 목사님과 어머니 전순희 사모님께 존경과 사랑의 말씀을 드립니다. 그리고 때마다 격려와 사랑으로 목회에 돌봐주신 아버지 고진곤 장로님과 어머니 김명희 권사님께 진심으로 감사드립니다.

나에게 평생 친구이자 동료이자 내 몸 같은 동생 문영재 목사님과 고은미 사모와 우리 사랑하는 예목이, 예형이에게도 사랑의 마음을 전합니다. 그리고 고석붕 집사와 윤세라 집사 그리고 찬영이, 예영이에게도 사랑의 마음을 전합니다.

특별히 이 책이 있기까지 기다려 주시고 믿음으로 함께해 주신 박종태 장로님의 수고가 있었기에 이렇게 〈JUM 성경읽기표와 함께 하는 일독 큐티〉가 한 교회가 아닌 많은 교회들을 섬기는 도구가 될 수 있었습니다. 진심으로 존경과 감사의 마음을 드립니다. 더불어 아름다운 디자인으로 옷을 입혀 주신 강인구 실장님께도 감사의 마음을 드립니다.

이 책은 혼자만의 힘으로 나오지 않았습니다. 말씀의 가지를 가지런히 정리해 준 김요한 전도사의 동역이 너무나 큰 힘이 되었습니다.

그리고 묵묵히 기도로 함께해 주신 새벽예배자 성도님의 사랑과 정성이 많은 힘이 되었습니다. 특히 모든 내용을 함께 구성해 준 문수근 목사님과 문영재 목사님의 함께한 수고가 이렇게 탄생한 원동력이 되었습니다. 믿고 끝까지 함께해 주신 분들께 감사의 말씀을 드립니다. 그리고 앞으로도 계속해서 나오게 될 모든 〈일독 큐티〉를 통해 하나님과 함께하신 모든 독자님들께 감사의 마음을 드립니다.

저자 문정웅

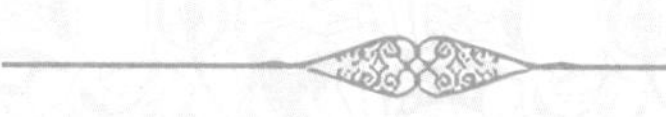

헌신

dedicate

열왕기상 1장 - 역대하 36장

JUM 성경읽기표

• 4월 •

1	열왕기상 1-4장	
2	열왕기상 5-8장	
3	열왕기상 9-12장	
4	열왕기상 13-16장	
5	열왕기상 17-19장	
6	열왕기상 20-22장	
7	열왕기하 1-3장	
8	열왕기하 4-7장	
9	열왕기하 8-10장	
10	열왕기하 11-14장	
11	열왕기하 15-18장	
12	열왕기하 19-22장	
13	열왕기하 23-25장	
14	역대상 1-4장	
15	역대상 5-8장	
16	역대상 9-12장	
17	역대상 13-16장	
18	역대상 17-20장	
19	역대상 21-24장	
20	역대상 25-29장	
21	역대하 1-4장	
22	역대하 5-8장	
23	역대하 9-12장	
24	역대하 13-16장	
25	역대하 17-20장	
26	역대하 21-24장	
27	역대하 25-28장	
28	역대하 29-32장	
29	역대하 33-34장	
30	역대하 35-36장	

솔로몬의 지혜

일독 성경 열왕기상 3장 16-28절(열왕기상 1-4장 中)

씨앗말씀 · 오늘 내게 심어진 한 절 말씀

한 여인이 밤사이 자신의 아이 위에 누워 아이가 죽었습니다. 그러자 함께 사는 여인의 아들과 바꾸었습니다. 간단한 문제 같지만 왕에게까지 올라온 까다로운 문제였습니다. 그런데 솔로몬은 칼을 가져오라고 명하더니 아이를 반으로 나누어 각각 주라고 합니다. 이에 한 여인은 그렇게 하자고 말합니다. 아이가 죽어도 상관이 없다는 것입니다. 돈을 받기만 하면 예수님을 팔아도 상관이 없다는 가룟 유다의 모습이 보입니다. 그러나 다른 여인은 솔로몬에게 간곡히 부탁합니다. 저 여인에게 주어도 좋으니 아이를 살려달라고 말입니다. 이것이 진정한 어머니의 마음입니다. 결국 솔로몬은 아이를 절대로 죽이지 말고 이 여인에게 주라고 판결합니다.

이 문제를 왜 쉽게 해결하지 못하고 왕에게까지 오게 되었을까요?

바로 이 두 여인이 창녀였기 때문입니다. 백부장도 천부장도 만부장도 아마 이들을 어머니로 보지 못했을 것입니다. 그러나 솔로몬은 이들을 어머니로 보았습니다. 현장에 누가 있었는가? 아이를 죽인 여인의 몸무게는 얼마인가? 이런 것으로는 진실을 밝힐 수 없었습니다. 진실을 밝히는 유일한 길은 누가 어머니인지를 알아내는 것입니다. 솔로몬은 어머니를 찾아주었습니다. 세상이 두려워하는 것은 사람의 능력이 아니라 그 사람 속에 계신 하나님입니다. 우리에게는 외적인 능력과 함께 믿음이 있어야 합니다. 세상은 우리의 넘어짐을 비웃지만 하나님은 다시 일어설 수 있는 용기와 새 힘을 주십니다. 지금 이 순간 하나님이 내 안에 계시는지 살펴볼 때입니다.

말씀의 가지

늙은 남자가 젊은 여자를 품고 자는 일은 예로부터 회춘의 방법이라고 알려져 왔다. 하나님을 섬기는 다윗이 이런 일을 한다는 것이 가능한가?
인간의 평등을 주장하는 현대 개념으로는 도저히 있을 수 없는 일이지만 왕이 단순한 한 인간이 아니라 국가나 민족 자체를 의미하던 시절이었기에 가능했을 것이다. 과거 권위주의적인 시대의 일에 현대적인 잣대를 들이대면 모든 과거는 의미를 상실해 버릴 위험이 있다. 이것은 성적인 문제가 아니라 의료 행위이기도 하기 때문이다. 젊은이의 체온을 이용해서 늙은이의 원기를 회복하는 의술이 실제로 시행되었다고 한다.

(홍순관 목사의 성경공부 누리집, http://www.skhong.org/1kings/1kings1-t.htm)

말씀의 꽃 · 나만의 일독 큐티

말씀의 열매 · 기도 제목

함께하는 하나님의 일

일독 성경 열왕기상 5장 5-18절(열왕기상 5-8장 中)

말씀의 씨앗

씨앗말씀 · 오늘 내게 심어진 한 절 말씀

하나님께서는 다윗에게 약속하신 대로 솔로몬에게 성전을 건축할 수 있도록 준비시키십니다. 솔로몬은 히람왕에게 사신을 보내어 백향목을 요청합니다. 그때 히람왕은 다윗의 아들 솔로몬의 요청에 백향목 뿐만 아니라 잣나무까지 준비해 줍니다. 하나님의 선한 인도하심이 주신 사명을 감당하려고 시작할 때에 이미 예비된 축복을 보게 됩니다. 솔로몬은 성전을 건축하기 위하여 일꾼들을 모읍니다. 기도만하면서 기다리지 않았습니다. 주신 지혜와 힘을 가지고 모든 것을 철저하게 준비하였습니다.

우리는 사명을 감당할 때에 손을 놓고 기다려서는 안 됩니다. 이미 주셨는데 달라고 하면 하나님이 하실 말씀은 하나입니다. 이미 주었으니 네 은혜가 족하다. 솔로몬은 성전을 건축하기 위해서 이스라엘 사람만을 들어 세우지 않았습니다. 성전을 건축하기 위해서 각 나라에서 지원을 받은 전문가를 세웠습니다. 하나님의 사랑은 전 인류적인 사랑입니다. 예수님은 이스라엘을 통하여 오셨지만 이스라엘을 위하여 오시지 않았습니다.

예수님은 땅 끝까지 이르러 복음을 증거하라고 말씀하셨습니다. 우리에겐 전도할 이유가 있습니다. 세계 모든 나라와 민족이 하나님의 것임을 알게 해야 합니다. 오늘도 하나님의 은혜와 능력이 나의 삶을 통하여 나타나기를 소망합니다.

말씀의 가지

규빗 [Cubit]

치수의 단위로 보통 사람의 중지 끝에서 팔꿈치까지의 길이를 말함.

약 45cm 정도를 말하는데 사람마다 팔의 길이가 다르므로 한 규빗의 길이는 정확하지 않다.

아가페 성경 사전에는 '바벨론은 한 규빗을 약 49.5cm로 정하였고 애굽의 왕실은 약 54cm로 정하였다'고 기록되어 있다.

(말씀과 진리 성경 도서관, "규빗", http://bible.watv.org/library/)

말씀의 꽃 · 나만의 일독 큐티

말씀의 열매 · 기도 제목

4월

3

재산과 믿음

일독 성경 열왕기상 10장 14–29절(열왕기상 9–12장 中)

말씀의 씨앗

씨앗말씀 · 오늘 내게 심어진 한 절 말씀

솔로몬은 지혜로 말미암아 큰 부와 명예를 누립니다. 세금과 무역세금과 조공 등으로 나라의 부를 축적합니다. 세금을 많이 걷을 수 있다는 것은 경제 활동이 활발하게 되었고 또한 솔로몬의 다스림이 큰 성과를 거두었다는 증거입니다. 주변으로부터 칭찬을 듣자 솔로몬은 궁을 꾸미기 시작합니다. 금이 너무 흔해지고 은은 길가의 돌같이 여깁니다. 상아를 보좌로 만들어 금으로 입히고 여섯 층계를 올라야 되도록 높이고 양쪽 팔걸이 곁에 사자를 상징물로 만들어서 왕의 권세를 나타내게 만듭니다. 이 모든 축복을 주신 분은 하나님입니다. 솔로몬은 성전을 건축할 때 두렵고 떨림 가운데 기쁨으로 감당했습니다. 레바논의 백향목을 구하기 위하여 히람왕에게 요청할 때 그는 작은 성과에도 기뻐하던 사람이었습니다. 그러나 이제 백향목은 흔하게 굴러다닙니다. 주변의 칭찬을 듣기 시작하면서 더 화려한 궁을 지은 것이 바로 솔로몬의 몰락의 시작입니다. 예수님이 예루살렘에 입성하실 때 사람들은 호산나를 외치며 맞이하였습니다. 이분은 메시아다. 앉은 자가 일어나고 눈먼 자가 눈을 뜨고 그 말하는 것이 하늘의 비밀을 나타내는 분이시다. 그러나 대제사장의 손에 이끌리어 결국 재판을 받고 십자가를 지며 죽게 됩니다. 사람들의 조롱과 비웃음 속에서 모든 일은 진행되었습니다. 솔로몬도 변했습니다. 사람들도 변했습니다. 말씀을 보면서 세월이 가도 변하지 않는 것은 단 한 가지입니다. 변하지 않는 예수 그리스도의 사랑입니다. 한결 같으신 하나님의 은혜입니다.영원한 생명에 대한 믿음을 가질 수 있는 것은 과거에도 현재에도 그리고 미래에도 동일한 분이시기 때문입니다. 변함없는 그분을 생각하며 오직 한 믿음으로 승리하는 삶이 되기를 소망합니다.

말씀의 가지

스바 여왕은 실존 인물인가?

스바 여왕의 정체는 고고학자들과 역사학자들에게 있어서 하나의 미스테리로 여겨져 오고 있다. 2006년 데이비드 다운과 존 애쉬튼은 "파라오들을 벗기며: 이집트의 고고학은 성경적 시간들을 어떻게 확증하는가?"라는 책을 썼는데, 이 책에서 저자들은 이집트 역사와 구약성경의 역사를 조화시키는 수정된 연대기를 제안하였다. 수정된 연대기에 의하면 성경에 나오는 스바 여왕은 이집트에서 가장 유명했던 여왕인 하트셉수트 여왕과 동일 인물이라는 상당한 분량의 정황적 증거들이 있다.

(Ryan Jaroncyk, "The Queen of Sheba: was Solomon visited by an Egyptian pharaoh?" www.womeninthebible.net/queen_sheba.htm)

말씀의 꽃 · 나만의 일독 큐티

말씀의 열매 · 기도 제목

사자의 침묵

일독 성경 열왕기상 13장 18–30절(열왕기상 13–16장 中)

씨앗말씀 · 오늘 내게 심어진 한 절 말씀

유다에 르호보암왕이 그리고 이스라엘에 여로보암왕이 세워집니다. 그러나 이스라엘의 여로보암은 하나님께서 왕으로 세워 주셨음에도 다시 금송아지를 만들며 우상을 섬깁니다. 유다에 있던 한 선지자가 여로보암에게 가서 심판을 예언합니다. 이 선지자에게 손가락질을 하던 여로보암의 손이 말라버리고 다시 간구하여 회복되는 사건이 일어납니다. 이에 여로보암이 함께 가서 떡과 물을 마시기를 청합니다. 그러나 선지자는 하나님이 원치 않으신다고 말하고 떠납니다. 벧엘에 있던 노선지자가 이야기를 듣고 이 하나님의 사람을 쫓아갑니다. 상수리나무 아래에서 만나 함께 떡과 물을 마시기를 청하지만 여전히 거절합니다. 그러나 노선지자가 천사에게 들었으니 걱정 말고 가자고 하자 그 길을 따라옵니다. 그리고 떡과 물을 마십니다. 비록 하나님이 말씀하셨지만 이 사람도 선지자라 하고 나이도 많아 연륜이 있어 보이니 따라도 괜찮겠지 하고 안이하게 생각합니다. 그러나 이 노선지자는 예언을 합니다. 네가 치우쳐 순종치 아니하고 떡과 물을 마시고 길을 돌이켰으니 죽을 것이다. 하나님의 사람은 길을 떠나지만 결국 사자를 만나 죽고 맙니다. 이 소식을 들은 노선지자가 그 현장에 가 보니 시체가 있고 나귀도 있고 사자는 그 곁에서 찢거나 물지 않고 있는 것을 봅니다. 사자는 맹수이며 고기를 먹습니다. 사람도 나귀도 다 뜯어 먹었어야 정상입니다. 그러나 이 사자는 먹으러 온 것이 아니라 하나님 말씀대로 죽이기만 했습니다. 아무리 먹고 싶어도 건드리지 않았습니다. 하나님의 뜻 안에서 사자도 순종하는 모습입니다. 인생의 가치는 기능이 아니라 순종으로 나타납니다. 오직 하나님이 내게 주신 사명이 무엇인지를 깨달아 승리하는 삶이 되기를 소망합니다.

유브라데강 [Euphrates, 흐른다]

아시아주 서부에 있는 동방 최대의 강으로 그 발원지는 에덴동산과 알미니야 계곡이다. 길이는 2,850km로 하류에서 합류되는 티그리스강과 더불어 메소포타미아의 수운과 농업 발달에 원동력이 되어 그 지역 고대 문명의 발상지가 되었다.

(성경 지명 사전, "유브라데강", www.kcm.co.kr)

말씀의 꽃 · 나만의 일독 큐티

말씀의 열매 · 기도 제목

마르지 않는 가루통

일독 성경 열왕기상 17장 1–16절(열왕기상 17–19장 中)

씨앗말씀 · 오늘 내게 심어진 한 절 말씀

이스라엘의 아합왕이 세워졌습니다. 아합은 이세벨을 왕비로 맞이합니다. 그들은 우상을 섬기고 악을 행하였습니다. 하나님은 엘리야를 보내 엘리야가 다시 기도하기 전에는 비가 없을 것이라고 말씀하십니다.

엘리야는 시냇가에 숨어 지냅니다. 시냇물로 목을 축이고 아침저녁으로 까마귀가 떡과 고기를 가져다줍니다. 하나님께서 엘리야의 생명을 보존하십니다. 그러나 가뭄으로 시내가 말랐습니다. 하나님의 말씀대로 내려가 사르밧 과부를 만나게 됩니다. 엘리야가 물과 떡을 달라고 하자 사르밧 과부는 떡은 없고 마지막 떡을 만들 가루와 기름이 있다고 했습니다. 그녀는 이것을 먹고 아들과 죽으려 했습니다. 엘리야는 도움을 구했지만 사실 이 여인이 더 간절한 사람이었습니다.

그런데도 계속 요청합니다. 두려워 말고 내게 먼저 떡을 가져오라. 여인은 순종하였고 하나님께서는 다시 비가 오기까지 순종한 여인의 준비한 통에 가루와 기름이 마르지 않게 하셨습니다. 마지막 떡을 드렸을 때에 마르지 않는 축복을 받았습니다. 예수 그리스도께서 자신의 하나뿐인 생명을 우리를 위하여 주셨을 때에 우리는 영원한 생명과 안식을 허락받았습니다. 희생과 헌신과 사랑이 없이는 아무 일도 일어나지 않습니다. 하나님의 말씀대로 순종하며 살아가기를 소망합니다.

말씀의 가지

바알 선지자들과 대결을 마친 엘리야는 갈멜산 꼭대기로 올라가 하나님께 비를 내려 달라고 간절히 기도했다. 그러자 3년 6개월(약 5:17)이나 가물었던 땅에 큰 비가 내리기 시작했다(왕상 18:45). 기적이었다.

문제는 기적 다음에 나타난 엘리야의 기이한 행동에 대한 해석이다. 참으로 이해하기 힘드는 장면이 성경에 나오기 때문이다(왕상 18:45-46).

왜 엘리야는 아합을 따라 나섰을까?

왜 엘리야는 마차 앞에서 이스르엘 입구까지 달렸을까?

왜 아합은 엘리야를 마차에 태워 주지 않았을까?

왜 우리는 엘리야가 사마리아로 마라톤 했다는 설교를 가끔 듣는가?

(세계 기독교 박물관, “엘리야는 왜 아합 앞에서 달렸을까?”, www.segibak.or.kr)

말씀의 꽃 · 나만의 일독 큐티

더 생각해 보기

1. 하나님께서 지금 내가 있는 집을 떠나 다른 곳으로 가서 살라고 명하신다면 순종할 수 있을까?(17:3)
2. 까마귀들이 떡과 고기를 가져다주는 것과 출애굽 당시 이스라엘 백성들이 먹던 만나와 메추라기는 어떤 공통점을 가지고 있을까?
3. 사르밧 과부의 입장에서, 누군가 내게 와서 내가 가진 모든 것을 이유 없이 달라고 할 때 순종할 수 있을까?(17:11-13)
4. 지난 한 주간 하나님께 순종한 것이 있었다면 어떤 것이었을까?
5. 반대로 순종하지 못한 것이 있었다면 무엇이 있었을까?

사랑

일독 성경 열왕기상 21장 11-26절(열왕기상 20-22장 中)

씨앗말씀 • 오늘 내게 심어진 한 절 말씀

아합왕은 왕궁 근처의 포도원을 사고 싶었습니다. 그러나 값을 쳐준다고 하여도 주인인 나봇은 팔지 않았습니다. 근심하고 있는 아합에게 이세벨이 이야기합니다. 이세벨은 금식을 선포하고 나봇을 백성 가운데에 높이 앉힙니다. 그리고 불량자로 하여금 나봇이 하나님을 저주하였다고 모함하게 한 후에 돌로 쳐 죽입니다. 그리고 주인이 없어진 땅을 아합왕은 쉽게 차지합니다. 그때 하나님은 엘리야를 보내셔서 말씀하십니다. 나봇이 죽은 그 자리에서 피를 핥은 개들이 당신의 피를 핥을 것입니다. 너로 인하여 이스라엘에 속한 모든 남자가 재앙을 얻을 것이라고 말입니다. 이 모든 죄가 아내 이세벨의 충동으로 이루어졌습니다.

선한 권면을 하는 사람이 있고 악한 충동을 하는 사람이 있습니다. 세상의 기준으로 채우고 누리기를 원한다면 아합처럼 빼앗아서라도 내 것으로 만들고 싶어하고 자신이 바라는 조언을 골라서 듣게 됩니다. 그리고 악을 행합니다. 그러나 믿음의 사람은 하나님의 음성을 듣고 순종합니다. 세상에서 손해를 보아도 하나님의 길을 갈 수 있는 용기가 필요합니다. 그 길은 당장에는 실패로 보여도 하늘의 소망이 됩니다. 예수님께서는 이런 우리의 죄를 위하여 십자가의 고통을 참으시며 우리를 살려 주셨습니다. 이제 우리가 할 일은 세상의 성공에 대한 조언이 아니라 하나님의 생명의 말씀입니다.

솔로몬의 병거(왕상 20:21)에 대하여

B.C. 1600−1400년 사이에 애굽과 팔레스타인에서는 무기와 군사조직의 급속한 발전이 있었다. 가장 두드러진 진전은 아마도 병거의 등장이었을 것이다. 병거는 군사용 전차를 말하는데 이스라엘이 출애굽하여 가나안에 들어갈 때 가나안 원주민들은 병거를 갖고 있었다. 그래서 이스라엘은 가나안 사람들을 이기지 못했고 철병거가 없는 산지의 사람들은 패배시킬 수 있었다. 병거는 병거를 모는 자와 활과 창으로 무장한 전사가 타고 있었다. 솔로몬은 병거 1400대의 부대를 만들고 병거를 위한 병거성을 만들기도 했으며, 병거와 말은 애굽에서 수입하였다. 솔로몬 당시의 병거는 3인승이었던 것 같다. "병거와 마병의 지휘관(왕상 9:22)"에서 장관이라는 말은 히브리어로 '세 번째 사람'을 의미하기 때문이다.

(두란노 성경상식, "솔로몬의 병거에 대하여", duranno.com)

말씀의 꽃 · 나만의 일독 큐티

말씀의 열매 · 기도 제목

선생님과 제자

일독 성경 열왕기하 2장 7-14절(열왕기하 1-3장 中)

씨앗말씀 · 오늘 내게 심어진 한 절 말씀

엘리야가 하나님의 부르심을 받기 위해 길을 떠납니다. 엘리사가 그 길을 따라 나섭니다. 계속해서 머물라고 해도 계속해서 따라갑니다. 요단강을 건널 때 엘리야가 겉옷을 말아 물을 치매 물이 갈라지고 그 마른땅을 건넙니다. 엘리사는 계속 쫓아갑니다. 무엇을 구하느냐? 엘리야의 질문에 엘리사는 대답합니다. 갑절의 영감을 구합니다. 엘리사의 대답에 엘리야는 당황합니다. 그러나 네가 나의 올라가는 것을 보면 그렇게 되리라고 말합니다. 엘리야는 그 후 불말이 이끄는 불병거를 타고 하늘로 올라갑니다. 그리고 엘리사는 그 모습을 보았습니다. 선생의 겉옷을 주워가지고 자신의 겉옷을 찢고 대신 입습니다. 그리고 요단강을 건널 때에 그 겉옷으로 치자 똑같이 물이 갈라집니다. 제자는 선생에게 배웁니다. 그리고 행합니다.

그것은 기능이 아니라 함께 살아간 사람에게 주어지는 은혜입니다. 겉옷으로 물을 치는 것을 보았지 배우지는 않았습니다. 그러나 행하였습니다. 하나님은 엘리사에게 엘리야의 영감과 역할을 허락하십니다. 어떤 선생을 만나느냐가 인생의 결정적인 방향과 성공 여부를 좌우합니다. 어떤 교회를 다니느냐가 인생의 결정적인 행복과 연결됩니다. 하나님이 임재하시는 교회를 꿈꿉니다.

말씀의 가지

엘리야는 불병거를 타고 승천했다고 하는 인식이 일반적이다. 그런데 이것은 잘못된 인식이다. 모든 일을 마친 후 엘리야는 엘리사가 보는 앞에 바람을 타고 하늘로 승천했다. 성경 원문에는 그들이 말을 주거니 받거니 하면서 길을 가는데, 난데없이 불말이 불수레를 끌고 그들 사이로 나타나는 것이었다. 동시에 두 사람 사이는 떨어지면서 엘리야는 '바람 속에 휩싸여' 하늘로 올라갔다(왕하 2:11)고 기록되어 있으므로 불병거는 엘리야와 엘리사를 떼어 놓는 역할만 했다. 불병거를 부정하는 대부분의 사람에 따르면, 많은 사람이 엘리야가 불병거를 타고 승천했다고 알고 있는 것은 찬송가 234장 '나의 사랑하는 책'의 가사에 '주의 선지 엘리야 병거타고 하늘에 올라가던 일을 기억합니다'라는 가사 때문에 생긴 오해라고 한다.

(엔하위키 미러, "엘리야는 어떤 모습으로 승천했는가?", mirror.enha.kr)

*통일 찬송가 234장은 새 찬송가 199장으로 바뀌면서 "병거"에서 "바람"으로 바뀌었다.

말씀의 꽃 · 나만의 일독 큐티

말씀의 열매 · 기도 제목

일곱 번 씻으라

일독 성경 열왕기하 5장 8-19절(열왕기하 4-7장 中)

씨앗말씀 · 오늘 내게 심어진 한 절 말씀

아람의 군대 장관 나아만은 전쟁에 능한 군인이었습니다. 그에게는 한 가지 고민이 있었는데 나병에 걸린 것이었습니다. 숨길만큼 숨겼지만 더는 어쩔 수가 없었습니다. 이스라엘에서 온 한 여종이 나아만에게 엘리사 이야기를 해 줍니다. 이에 이스라엘에 부탁하여 엘리사를 만나러 갑니다. 그러나 만나 주지도 않고 종을 시켜서 요단강에 일곱 번 몸을 담그라고 합니다. 나아만은 너무 화가 났습니다. 직접 정성껏 기도하거나 치료하지 않고 얼굴도 내보이지 않는 무례함을 보이다니 그냥 발길을 돌립니다. 그때 지혜로운 종이 말합니다. 더 큰 일을 시켜도 했을 텐데 한 번 해 보고 멈추어도 늦지 않다고 말입니다. 그 말에 나아만이 요단강에 몸을 일곱 번 담그니 어린아이 같이 깨끗해졌습니다. 사람은 자기 생각과 다르면 틀렸다고 생각합니다. 예수님이 못 박히신 이유도 바로 사람들의 무지함 때문입니다. 죄를 짓고도 죄인줄 모를만큼 무지합니다. 그러나 예수님은 끝까지 그런 우리를 모두 사랑하셨고 십자가의 능력으로 덮어 주셨습니다. 우리가 할 일은 오직 예수 그리스도를 고백하는 것 뿐입니다. 사탄은 속이는 영입니다. 첫 번째 사망이 다인것처럼 절망하게 만듭니다. 때로는 첫 번째 사망은 아무것도 아닌 것처럼 다 죽게 만듭니다. 그러나 아담으로 연류된 첫 번째 사망은 누구나 겪는 것입니다. 두 번째 사망은 하나님 앞에서 받는 심판의 사망입니다. 영원한 사망입니다. 우리가 두려워 할 것은 육체의 죽음이 아닙니다. 오직 하나님의 나라를 유업으로 받는 것입니다. 그 길은 예수 그리스도의 십자가로만 갈 수 있습니다. 매일 하나님의 뜻을 바로 알아 승리하는 삶이 되기를 소망합니다.

말씀의 가지

요단강은 히브리어로 '야르덴'이다. 내려오는 것을 뜻한다. 이 말은 '야라드'에서 왔다. 내려가다, 낮은 지역으로 내려가다라는 뜻이다. 요단강은 북쪽 헬몬산에서 발원하여 남쪽 사해까지 뻗어 있다. 요단강의 직선거리는 약 130km가량 되지만 곡선길이는 320km쯤 된다. 강의 수심은 1-3m쯤 된다. 그러나 얕은 여울목이 많이 있기 때문에 마른땅을 걸어서 건널 수 있다. 요단강은 이스라엘 백성들이 약속의 땅인 가나안에 들어가기 전에 꼭 건너야 할 장애물이었다. 요단 강을 건너지 않고는 가나안에 들어갈 수 없었기 때문이다.

(히브리어 지상강좌, "요단강이란?", koreahebrew.com)

말씀의 꽃 · 나만의 일독 큐티

말씀의 열매 · 기도 제목

쏘아봄과 눈물

일독 성경 열왕기하 8장 7-15절(열왕기하 8-10장 中)

씨앗말씀 · 오늘 내게 심어진 한 절 말씀

아람왕 벤하닷이 병이 들었습니다. 그는 아합과 친구로 지내면서 엘리야의 능력을 보았습니다. 병이 들자 그것을 생각합니다. 그래서 하사엘을 시켜 그 제자 엘리사에게 어찌될 지 묻도록 보냅니다. 엘리사는 병은 낫지만 죽을 것을 예언합니다. 그리고 소식을 전하러 온 하사엘을 부끄럽기까지 쏘아봅니다. 그리고 눈물을 흘립니다. 너는 이제 이스라엘 백성을 죽이고 아프게 할 것이다. 하사엘이 이야기합니다. 개와 같은 이 종이 어찌하겠습니까? 그러나 하사엘에게는 이미 야망이 있었습니다. 그는 벤하닷에게 돌아가 병이 낫는다고 전합니다. 그러나 뒷 말은 전하지 않습니다. 자신의 계획이기 때문이지요. 벤하닷은 안심을 시키고는 이튿날 물에 적신 이불을 덮어 자신이 왕이 됩니다. 이것은 엘리야를 통해 이미 예언된 일입니다.

하나님의 말씀은 반드시 이루어집니다. 그리고 때로는 그것이 우리들의 시련으로 다가올 때도 있습니다. 그러나 시련은 또한 회복의 계획으로 우리에게 다가옵니다. 하사엘이라는 아픔의 도구는 결국 이스라엘 백성이 죄악을 깨닫고 하나님 편에 서게 되는 계기가 됩니다. 하나님의 도구로 쓰신 것입니다. 말씀과 성취는 하나님의 상식입니다. 말씀대로 이루시는 하나님을 신뢰함으로 승리하기를 소망합니다.

말씀의 가지

예후와 앗수르 제국

나무르에서 발견된 돌에는 이스라엘 왕 예후가 앗수르 황제 앞에서 무릎을 꿇은 것을 기록하고 있다. 돌에 기록된 내용은 이스라엘이 공물을 어떻게 드렸는가가 설명되어 있다. 예후는 그들의 공동의 적인 시리아의 왕 하차엘(왕하 10:32)을 대항하는데 앗수르 왕에게 도움을 구하고 있는 것같이 보인다. 앗수르에 발견된 기록에는 열왕기상하에 기록된 내용들이 진실임을 보여 주고 있다. 이 기록들에서 발견되는 인물들과 사건들은 역시 성경에서도 발견되고 있다.

(헨리에타 미어즈, 고봉환 역, What the bible is all about for young explorers(요나출판사 1995), p.139)

말씀의 꽃 · 나만의 일독 큐티

말씀의 열매 · 기도 제목

엘리사의 유언

일독 성경 열왕기하 13장 10-19절(열왕기하 11-14장 中)

말씀의 씨앗

씨앗말씀 · 오늘 내게 심어진 한 절 말씀

요아스가 이스라엘 왕이 되어 악을 행하였습니다. 그가 많은 공적을 쌓으면서도 믿음으로 하지 못한 것은 하나님께서 기뻐하지 않으시는 것이 인생에 아무 의미가 없음을 깨닫지 못하였기 때문입니다. 믿음의 길을 간다면서도 세상의 기준으로 지쳐가는 사람들과 같은 모습입니다. 엘리사가 병들어 죽기 전에 마지막 예언을 합니다. 요아스가 만나러 와서 "내 아버지여"라고 부르며 슬퍼하자 그에게 화살을 들어 동편 창으로 쏘라고 합니다. 요아스가 활을 쏘자 아람을 물리칠 것을 예언합니다. 그리고 화살을 들어 땅을 치라고 합니다. 요아스가 세 번치자 아람을 세 번 물리칠 것이라고 예언합니다. 요아스는 이를 믿음으로 받아들이지 않았기 때문에 예의상 세 번만 쳤습니다. 믿음으로 열심히 다섯 번 여섯 번 쳤다면 세 번이 아니라 완전한 승리를 주셨을텐데 엘리사는 안타까움을 금치 못합니다. 요아스는 순종과 승리가 믿음으로 연결되어 있음을 깨닫지 못한 것입니다. 그래서 열과 성의를 다하여 하지 못하였습니다. 우리는 교회 생활을 하면서 예의상 할 때가 많습니다. 하나님 앞에 드리는 마음과 정성이 승리의 근원이 된다는 사실을 인정하지 못할 때가 많습니다. 입으로는 믿음을 이야기하지만 마음으로 받아들이지 못합니다. 그러나 믿음은 승리의 근원입니다. 믿음의 기도는 반드시 이루어집니다. 그 때와 시는 하나님이 가장 선한 길로 인도하십니다.

말씀의 가지

벧세메스(소렉 골짜기)

'태양의 집' 곧 '태양의 신전'이라는 뜻으로 고대 가나안에서 섬기던 태양의 여신 세메스의 이름을 따서 명명되었다. 유다 지파의 북쪽 경계에 있던 성읍으로 아론 자손에게 재분배된 성읍이다(수 21:16; 대상 6:59). 성경에서 벧세메스는 유다 지파의 범위를 나타낼 때 단 지파와의 경계 도시로 나타나고 나중에는 레위 지파의 제사장 도시가 된다. 소렉 골짜기의 동서방향과 남북방향이 만나는 위치에 있는 벧세메스는 소렉 골짜기에서 가장 중요한 도시였다. 블레셋과의 전투에서 빼앗겼던 법궤가 7개월 동안 블레셋 지역에 머물다 블레셋의 도시 에그론을 출발하여 두 마리 암소가 끄는 수레에 실려 돌아올 때 이곳 벧세메스로 돌아왔다(삼상 6:12-14). 북이스라엘 왕 요아스가 남유다의 아마샤와의 전쟁에서 아마샤를 사로잡고 예루살렘으로 들어가 성벽 400규빗을 허물고 여호와의 전과 왕궁의 보물 창고를 빼앗고 사람들을 인질로 잡아 사마리아로 돌아갔다(왕하 14:1-15).

(구속사 성지, 뉴스앤바이블, "벧세메스", newsnbible.com)

말씀의 꽃 · 나만의 일독 큐티

말씀의 열매 · 기도 제목

진정한 승리

일독 성경 열왕기하 15장 1-7절(열왕기하 15-18장 中)

씨앗말씀 · 오늘 내게 심어진 한 절 말씀

아마샤의 뒤를 이어 그의 아들 아사랴가 유다의 왕이 됩니다. 아사랴는 하나님 보시기에 정직하게 나라를 다스립니다. 그래서 전쟁도 승리하고 정치적으로도 성공합니다. 인정받는 인생이 됩니다. 그러나 아버지 때와 마찬가지로 산당을 제거하지 않습니다. 결국 부모의 연약한 믿음이 자녀에게 영향을 미쳤습니다. 하나님이 하신 일을 온전히 믿음으로 받아들이지 못합니다. 하나님께서 아사랴를 치시니 그가 나병에 걸려 남은 여생을 별채에서 지내게 됩니다. 인생을 아무리 성공적으로 살았다 할지라도 하나님이 기뻐하시지 않는다면 아무 소용 없습니다. 하나님이 받으시는 것은 물질도 명예도 아닙니다. 하나님이 기뻐하시는 것은 거대한 건물이나 화려한 치장이 아닙니다.

하나님이 기뻐하시는 것은 온전한 예배입니다. 부자나 가난한 자나 약한 자나 강한 자나 환경과 조건에 상관없이 하나님이 받으시는 것은 믿음의 고백입니다. 왜냐하면 이미 세상 모든 것을 하나님이 지으시고 하나님이 소유하고 계시기 때문이죠. 결국 아사랴는 세상적으로는 성공했지만 믿음에 실패함으로써 인생을 우울하게 마치게 됩니다. 진정한 행복은 믿음에 있습니다. 지금 이 순간 믿음을 회복하고 오직 하나님을 신뢰하고 따름으로 승리하는 인생이 되기를 소망합니다.

말씀의 가지

열왕기하 17장은 북이스라엘의 멸망이 기록되어 있다. 이스라엘을 죄로 물들인 여로보암 이후 계속해서 파멸의 비탈길을 내리 치닫던 북이스라엘은 드디어 호세아왕을 마지막으로 앗수르에게 멸망당하고 만다. 먼저 호세아의 악정과 이스라엘의 패망에 대해 기록하고, 그 패망의 원인에 대해 설명해 준다. 이어 여로보암의 범죄 결과를 밝혀 주고, 앗수르의 이주 정책 및 공존하는 여호와 신앙과 이교 신앙에 대해 언급하며, 이스라엘의 배교에 대해 기록하고 있다. 북이스라엘 멸망의 종국적인 원인에 대해서는 본문을 통해서도 알 수 있듯이, 우선적으로 우상숭배 때문이었다. 그리고 하나님과 맺은 굳은 언약을 버렸기 때문이다. 결국 이러한 것들이 도덕적인 타락을 가져왔고, 하나님의 백성이 이방 종교를 받아들임으로 해서 부패하게 된 것이다.

(디럭스 바이블, "열왕기하 17장 서론", ebpse.mireene.com)

말씀의 꽃 · 나만의 일독 큐티

말씀의 열매 · 기도 제목

증거의 연결

일독 성경 열왕기하 20장 1-11절(열왕기하 19-22장 中)

씨앗말씀 · 오늘 내게 심어진 한 절 말씀

히스기아가 병들었습니다. 이사야가 와서 그 병으로 죽을 것을 예언합니다. 그때 히스기야는 낯을 벽으로 향하고 기도합니다. 주께서 보시기에 선하게 행한 것을 기억하옵소서. 내가 왕이라는 것 내가 통치자라는 것이 아닙니다. 하나님의 마음에 합한 것만 기억됩니다. 이사야가 성읍 가운데까지도 이르기 전에 하나님의 말씀이 임합니다. 너는 돌아가서 이르라. 내가 네 기도를 들었고 네 눈물을 보았노라. 내가 너를 낫게 하리니 네가 삼일 만에 여호와의 성전에 올라가겠노라. 하나님의 회복의 약속은 예배에 있습니다. 히스기야는 다시 살았지만 또 다시 죽었습니다. 그러면 이때 산 것은 무슨 의미가 있습니까? 바로 하나님을 향한 예배의 연장입니다.

이 땅에서 할 수 있는 최고의 사랑은 예배입니다. 무화과 반죽을 상처에 놓으니 히스기야가 낫습니다. 히스기야는 이사야에게 자신이 회복된 것을 어떻게 알 수 있는지를 묻습니다. 그러자 이사야가 해 그림자를 십도 나아갈지 뒤로 갈지 물어봅니다. 그때 뒤로 가기를 간구하자 해가 뒤로 갑니다. 해의 움직임과 병이 낫는 것은 아무 상관이 없습니다. 그러나 사람은 증거를 갖기를 원합니다. 하나님은 그 증거를 주셨습니다. 그러나 그것은 인간의 마음에 위로가 될 뿐 상처는 이미 회복됩니다. 우리의 연약함을 아시기에 증거를 보여 주시고 생명을 연장해 주시지만 진정한 축복은 하나님 나라에 있습니다. 우리가 어려움 속에서도 실망하지 않을 이유는 우리는 분명한 증거를 가지고 있습니다. 예수 그리스도의 십자가의 능력은 우리를 구원하고 영원한 생명을 주셨습니다. 오직 하나님 안에 거하는 우리의 삶이 되기를 소망합니다.

말씀의 가지

520년 간 상아시아의 주인이었던 앗수르 제국은 오랜 시간 유적이 발견되지 않았다. 성경 반대론자들은 이런 이유를 들어 앗수르가 존재하지 않았으며 성경은 거짓이라 주장했다. 그러나 영국의 고고학자 Austen Henry Layard가 1849년부터 약 7년간 앗수르의 수도인 니느웨에 대한 유적을 발견함으로 성경이 거짓이 아님이 증명되었다. 도시를 둘러싼 성벽의 길이가 13km, 성벽의 높이는 200피트(60m 이상), 성벽의 두께는 마차 3대가 나란히 달릴 수 있을 정도의 넓이, 5개의 성벽과 3개의 외호가 있었다. 북이스라엘은 앗수르에 의해 B.C. 721년에 멸망, 남유다도 바벨론에 의해 B.C. 586년에 멸망했다.

(포틀랜드 한인교회, "앗수르 제국에 대해", portlandkoreanchurch.com)

말씀의 꽃 · 나만의 일독 큐티

더 생각해 보기

1. 기도는 무엇일까? 단순히 원하는 것을 얻기 위한 갈망 같은 것일까?
2. '오늘 하루 지켜주셔서 감사합니다'라고 기도를 드린다면 하나님께서 나의 머리를 쓰다듬으며 수고했다고 말씀하실까?
3. 지금까지 나의 기도 생활 모습과 히스기야의 통곡에 공통점과 차이점이 있다면 무엇일까? (왕하 20:2-3)
4. 이사야가 돌아가던 길에서 그에게 임하신 여호와의 말씀을 듣는 것을 기도라고 할 수 있는가?(왕하 20:4-6) 그렇다면 그 이유는?
5. 진정한 기도는 무엇인가?

신앙의 개혁

일독 성경 열왕기하 23장 1-9절(열왕기하 23-25장 中)

씨앗말씀 · 오늘 내게 심어진 한 절 말씀

요시야왕이 성전을 수리하도록 지시합니다. 성전을 수리하는 비용을 보내되 은을 회계하지 않습니다. 신뢰하였기 때문입니다. 하나님의 성전의 수리는 기술이 아닌 신뢰로 하는 것입니다. 그러자 대제사장 힐기야가 큰 소식을 전합니다. 성전을 수리하다가 여호와의 율법책을 발견하였습니다. 왕의 앞에서 읽자 옷을 찢으며 이를 온 백성에게 선포하기를 원합니다. 그래서 모든 백성을 모아 성회를 엽니다. 요시야왕의 위대함은 그가 말씀대로 통치할 것을 결단하고 실행하였다는 것입니다.

"마음을 다하고 뜻을 다하여 여호와께 순종하고 그의 계명과 법도와 율례를 지켜 이 책에 기록된 이 언약의 말씀을 이루게 하리라!"(왕하 23:3)

하나님이 요시야를 통하여 이루실 사명을 감당한다는 결단입니다. 말씀에 힘을 입어 모든 우상을 태워버립니다. 산당은 신앙을 흩는 나쁜 역할을 하고 있었습니다. 이 산당을 없애 버립니다. 지금까지 좋은 왕들이 있었지만 산당을 없애는 것은 큰 결단입니다. 오직 한 하나님만을 섬기겠다고 결단한 결과입니다. 요시야왕의 개혁은 말이 아닌 행함으로 증거하였습니다. 왕위에 올라서 자신의 중요한 역할을 감당한 요시야왕은 행하는 왕이었습니다. 우리에게 필요한 것은 생각뿐인 신앙이 아니라 행함이 있는 신앙입니다. 오직 주 안에서 승리하는 삶이 되기를 소망합니다.

말씀의 가지

요시야왕은 성전 수리 중에 발견된 율법책을 근거로 종교개혁을 단행했다. 요시야왕의 종교개혁의 첫 번째 목표는 마음을 다하고 뜻을 다하여 여호와께 순종하는 것이었다. '온 마음과 온 영혼으로'라는 뜻이다. 이는 하나님께 형식적으로 순종하는 것이 아니라 생명을 바치듯이 온 힘과 정성으로 순종해야 함을 의미한다. 또한 '야웨의 뒤를 따르다'라는 뜻이 있다. 이것은 절대적인 하나님의 권위를 인정하고 그 권위에 순종하며 따르겠다는 표현이다. 요시야왕은 하나님께서 인도하시는 곳이라면 어디든 가겠다는 것을 그의 개혁의 목표로 삼았다.

(다국어성경, "요시야왕의 개혁의 목표", holybible.or.kr)

말씀의 꽃 · 나만의 일독 큐티

말씀의 열매 · 기도 제목

아브라함의 자손

일독 성경 역대상 1장 28–34절(역대상 1–4장 中)

씨앗말씀 · 오늘 내게 심어진 한 절 말씀

아브라함의 자식은 이삭과 이스마엘이었습니다. 비록 이후에 이스라엘의 자손과 대적이 된다 하여도 이스마엘이 소개됩니다. 하나님은 이스라엘을 통하여 하나님의 백성에 대한 사랑을 우리에게 보여 주셨습니다. 그러나 약속의 자식인 이삭과 아브라함의 연약함으로 나온 이스마엘이 모두 기록되어 있는 이유는 온 인류 가운데 하나님의 선하신 뜻과 섭리가 있음을 보여줍니다.

우리의 생각이 아닌 하나님의 선한 뜻으로 인도하십니다. 아브라함의 첩이었던 그두라의 자식들도 소개해 주시는 것은 이러한 맥락에서 의미가 있습니다. 비록 언약의 계승은 이삭을 통하여 이루어주셨지만 모든 자녀들은 하나님이 주셨고 여전히 하나님의 사랑 가운데 있습니다. 단지 사람의 연약함이 하나님을 대적하고 떠나 있는 것입니다. 하나님이 이스라엘을 통하여 당신의 사랑을 보여 주셨다면 오늘날 믿는 우리 모두에게 그 사랑의 확증으로 오신 예수 그리스도는 우리가 모두 하나님의 백성임을 알게 하십니다.

믿음으로 우리는 아브라함의 자손입니다. 하나님의 놀라운 구원의 섭리를 고백하며 승리하는 삶이 되기를 소망합니다. 말씀에서 나라를 잃고 힘겨워하는 백성들에게 다시 한 번 하나님이 세우시는 나라 그리고 다스리시는 나라를 꿈꾸게 하신 것은 믿는 우리에게 주시는 소망입니다. 하나님 자녀된 축복을 잃지 않고 끝까지 승리하기를 소망합니다.

말씀의 가지

역대기 역사는 두 가지의 질문을 하면서 그 질문에 대한 답변을 제시하고 있다.

1. 이스라엘은 누구인가? 달리 말하면 누가 이스라엘 공동체의 구성원이 될 수 있느냐는 질문이다. 이에 대한 답변은 역대상 1장부터 9장에서 제시한다. (생략) 이스라엘은 바로 혈통으로 결정되며, 혈통의 순수성을 지킴으로서 소수의 이스라엘이 주변의 크고 강한 다른 민족들에게 동화, 흡수되지 않고 존속할 수 있다는 것을 보여주고 있다.
2. 이스라엘은 무엇이냐? 이스라엘의 주체성과 자기의식은 무엇에서 찾을 수 있냐는 질문이다. 이에 대한 답으로서 이스라엘은 순수한 종교적 공동체라는 것이다.

(김은혜, 박원빈, 연요한, 이종원, 이혁배 공동저서, "성서 다시 보기(숭실대학교출판부 2009)", p.153)

말씀의 꽃 · 나만의 일독 큐티

말씀의 열매 · 기도 제목

장자의 자격

일독 성경 역대상 5장 1-10절(역대상 5-8장 中)

씨앗말씀 · 오늘 내게 심어진 한 절 말씀

르우벤은 야곱의 장자입니다. 그러나 아버지의 죽음 후 아버지의 첩이었던 빌하와 근친상간의 죄를 행함으로써 장자의 상속권이 요셉에게 모두 넘어갑니다. 그리고 다시 장자권은 유다에게 넘어가 다윗이 유다 지파에서 나오고 예수 그리스도께서도 다윗의 자손으로 이 땅에 오십니다. 세상의 욕심이 결국 더 큰 축복을 잃게 만듭니다. 출애굽 이후 르우벤 지파는 요단을 건너지 않았습니다. 그냥 요단 동편에 갓과 므낫세 반 지파와 남습니다. 므낫세의 땅을 보면 요단 동편과 서편에 모두 있습니다. 반은 약속의 땅으로 갔고 반은 남았습니다. 그래서 반 지파입니다. 요단을 건너면 하나님의 약속의 땅이 있건만 미처 건너기 전에 요단 동편이 물도 있고 목축에 적합하다고 판단하고 굳이 건너지 않고 이곳에 있겠다고 말합니다. 결국 가나안으로 들어가지 않았습니다. 당장은 편안하고 자신의 기업을 유지하고 번창하게 할 것 같습니다. 그러나 이후 이곳은 이방 민족의 접전지로서 늘 전쟁이 끊이지 않습니다. 결국 자녀들은 두목이 되어도 이방에 끌려가는 수모를 겪습니다. 르우벤 지파는 장자였으나 그 사명을 잘 지켜내지 못했기 때문에 이런 혼란을 겪습니다.

장자가 되는 것보다 중요한 건 장자의 자리에 합당한 일을 행하는 것입니다. 자격에 맞는 행동과 생각이 중요합니다. 우리가 그리스도인이 된 것은 예수님의 십자가 사랑 때문입니다. 죽기까지 사랑하신 그 인내와 사랑이 우리를 구원하셨습니다. 우리가 해야 할 것은 바로 그리스도인으로서 합당한 삶을 사는 것입니다. 오늘도 주 안에서 승리하는 삶이 되기를 소망합니다.

잇사갈은 야곱의 아홉 번째 아들로, 첫째 아내 레아가 낳은 다섯째 아들이다. 잇사갈 개인에 관해서, 그의 출생에 대한 기록을 제외하고는 성경은 침묵을 지키고 있다. 그의 형제와 어떤 관계를 유지했는지도 우리는 아는 바가 없다. 그러나 늙은 아버지가 임종시에 한 축복은 자아 희생과 책임감, 온유하고 침착한 정신이 깃들어 있는 그의 생애의 내력을 보여 준다. (생략) 이스라엘의 자손들이 언약의 땅에 들어갔을 때, 잇사갈 지파의 수는 64,000명이었다(민 26:23-25). 잇사갈은 가장 비옥한 지역들 중의 하나를 차지했고 네 아들을 가졌으며, 그들이 지파를 이루었다(대상 7:1).

(성경 연구, "잇사갈 지파의 배경", www.onegate.co.kr)

말씀의 꽃 · 나만의 일독 큐티

다윗왕의 왕

일독 성경 역대상 11장 1-9절(역대상 9-12장 中)

말씀의 씨앗

씨앗말씀 · 오늘 내게 심어진 한 절 말씀

블레셋과의 전쟁에서 패하자 사울은 자신의 칼에 엎드려 스스로 목숨을 끊고 맙니다. 그렇게 아름답고 겸손하게 하나님의 부르심을 받은 청년이었지만 결국 하나님께 순종하지 못하고 비참하게 죽습니다. 사울을 따르던 무리들도 모두 흩어지고 남은 자들은 이제 다윗에게 옵니다. 다윗은 사무엘을 통해 헤브론에서 왕으로 기름 부음을 받습니다. 처음 사무엘이 다윗의 집에 왔을 때 다윗이 왕이 될 것이라고는 다윗의 아버지 이새도 생각하지 못했습니다. 양을 치던 다윗을 아예 부르지도 않았습니다. 그렇게 유약한 소년이었지만 하나님께서 사무엘을 통해 말씀하신 대로 왕이 됩니다.

다윗은 왕이 되어 먼저 예루살렘을 회복합니다. 여부스 족속을 몰아내고 내적인 힘을 다집니다. 과시하기보다는 내부의 견고함을 일굽니다. 여호와께서 함께 계시니 다윗이 점점 강성하여 가니라. 다윗이 왕이 된 이유도 하나님 말씀이요, 다윗이 강성하여진 이유도 하나님과 함께하였기 때문입니다. 다윗이 하나님의 뜻 안에서 승리한 것과 같이 승리하는 우리의 삶이 되기를 소망합니다.

말씀의 가지

예루살렘에 정착한 사람들

이렇게 번성하던 유다가 범죄함으로 말미암아 바벨론으로 사로잡혀 갔더니(9:1) 바벨론으로부터 예루살렘 성읍에 처음으로 거주한 이스라엘 사람들은 제사장들과 레위 사람들과 느디님 사람들(성전 막일꾼)이라고 분류되고 있다(9:2). 또한 성읍으로 이주한 이스라엘 사람들은 유다와 베냐민, 에브라임과 므낫세 지파에 속한 사람들이었으며(9:3-9) 제사 드리는 일에 종사하는 인력에는 제사장(9:10-13), 레위인(9:14-16), 문지기(9:17-27)와 찬송하는 사람들(9:33-34)과 그 밖의 성전에서 일하는 사람들이 있었다(9:28-32). 특별히 문지기에 대한 언급이 있는데, 이는 국가가 세워지지 않은 시절에는 그들이 제사장의 권한(신정)에 속해 있었으나(9:20), 후에 다윗에 의하여 그들의 의무가 배정되고 조직화된 것은(9:22) 신정이 왕권에 의하여 보호되고 있음을 보여 주고 있다.

(이학진, "이스라엘의 계보와 사울의 죽음" 크리스찬저널, www.kcjlogos.org)

말씀의 꽃 · 나만의 일독 큐티

말씀의 열매 · 기도 제목

내게 선한 길, 하나님의 선한 길

일독 성경 역대상 13장 6–14절(역대상 13–16장 中)

씨앗말씀 · 오늘 내게 심어진 한 절 말씀

다윗은 법궤를 예루살렘으로 가져오기로 결심합니다. 기럇여아림에 있던 법궤를 가져와 늘 하나님께 묻기를 원합니다. 믿음의 계획이며 선한 계획입니다. 웃사와 아히야가 준비하여 움직입니다. 새 수레에 법궤를 싣고 이스라엘 백성들이 악기를 동원하여 기뻐하며 궤를 움직입니다. 그런데 기돈의 타작 마당에 이르러 소들이 난동을 합니다. 법궤가 떨어지게 생기자 웃사가 얼른 붙잡습니다. 모든 것이 하나님을 위하여 하는 일들입니다. 그러나 법궤에 손을 댄 웃사가 죽습니다. 다윗은 화가 났습니다. 그래서 그곳을 베레스 웃사라고 이름하며 화를 냅니다. 도대체 왜 하나님은 당신의 일을 하는데 우리를 벌하시는가? 수레에 싣고 나르는 것은 블레셋의 방법입니다. 하나님은 법궤를 레위인들이 메고 옮길 것을 명하셨습니다.

아무리 보기 좋고 좋은 뜻으로 하고 새것으로 한다 할지라도 하나님이 원하시는 것이 무엇인지 분별하는 것보다 앞서는 것은 없습니다. 다윗은 두려워하였습니다. 다윗은 하나님을 경외하였습니다. 그래서 모든 문제를 원점에 두고 시작합니다. 일단 법궤를 오벧에돔의 집으로 옮깁니다. 무서운 일이 있었습니다. 아마 오벧에돔도 이 법궤를 받을 때 무서움이 있었을 것입니다. 그러나 하나님의 언약은 심판이 아니라 구원입니다. 절망이 아니라 희망입니다. 법궤를 옮기자 오벧에돔의 집이 복을 받습니다. 다시 법궤를 옮기기까지 은혜를 입습니다. 사람의 방법이 아닌 하나님이 원하시는 뜻을 깨닫고 행하는 삶은 축복의 삶입니다. 이런 은혜가 넘치는 삶이 되기를 소망합니다.

말씀의 가지

'오벧'이라는 뜻은 아바드의 부사형으로 "섬기는"이란 뜻을 지니고 있다. 다시 말하면 오벧에돔은 에돔을 섬기는 자, 에돔의 예배자라는 문자적인 뜻을 지니고 있다. 그러므로 이름으로 볼 때도 오벧에돔은 하나님을 섬기는 자, 하나님을 예배하는 자였다. 그런데 오벧에돔은 실제로 하나님을 섬기고 하나님을 두려움으로 예배했던 자였다. "하나님의 궤가 오벧에돔의 집에서 그의 가족들과 함께 석 달을 있으니라"(대상 13:14). 오벧에돔은 혼자서만 법궤를 잘 모신 것이 아니라 그 권속들, 다시 말하면 온 가족들이 법궤를 모시는데 함께 했던 것이다. 이것은 오벧에돔뿐 아니라 오벧에돔의 모든 가족이 오벧에돔과 같은 마음으로 하나님을 두려워함으로 법궤를 모신 것임을 알 수 있다.

(김채중, "오벳에돔과 아비나답", moksa.co.kr)

말씀의 꽃 · 나만의 일독 큐티

말씀의 열매 · 기도 제목

다시 응답

일독 성경 역대상 17장 1-15절(역대상 17-20장 中)

씨앗말씀 • 오늘 내게 심어진 한 절 말씀

다윗이 선한 마음으로 하나님의 성전을 건축하기 위하여 계획을 세웁니다. 나단 선지자도 그렇게 좋은 마음을 행하라고 권면합니다. 그러나 그날 밤 하나님께서 나단 선지자에게 임하사 다윗에게 성전 건축을 허락하지 않았다고 전하라 하십니다. 우리는 우리의 선한 계획이 하나님의 뜻이라고 생각할 때가 많습니다. 그러나 중요한 것은 우리의 계획이 아니라 하나님의 뜻입니다. 하나님이 원하시고 뜻하시는 곳에 우리의 마음이 있어야 합니다. 하나님이 거절하시더라도 그 은혜는 변함이 없습니다. 양을 치던 목동 다윗을 들어 왕으로 세우신 분도 하나님이시요, 나가는 전쟁마다 승리하게 하신 분도 하나님이십니다. 우리가 어느 자리 어떤 모습으로 있든지 하나님이 함께 계시는 것이 능력입니다. 다윗에게는 허락되지 않지만 그 자녀를 통하여 이루실 것을 약속하십니다. 내가 해야 하는 것이 아니라 하나님의 뜻이 나타나는 것을 소망하게 하십니다. 자녀에게 내가 그의 아비가 되고 그는 내 자녀가 될 것이라고 말씀하셨습니다. 자녀의 축복은 나에게 능력이 있어서 유산을 남겨주는 것이 아니라 믿음의 유업을 남기는 것입니다. 하나님의 자녀되는 축복을 남기는 것입니다. 시대가 흘러도 변하지 않는 축복은 바로 하나님의 자녀가 되는 믿음의 유업입니다. 하나님은 다윗을 사랑하셨습니다. 성전 건축을 허락하시고 하시지 않고는 하나님의 계획입니다. 다윗을 통하여 하고 안하시고보다 다윗에게 중요한 것은 하나님이 다윗과 함께하신다는 사실입니다. 우리의 인생에 진정한 축복은 일이 아니라 믿음입니다. 물질이 아니라 신앙입니다. 중심을 드려 하나님을 바라보는 우리의 삶이 되기를 소망합니다.

말씀의 가지

암몬의 수도는 랍바이며, 다윗의 장군이었던 요압에 의해 정복당했으며, 폐허가 될 것이라는 예언 속에 자주 등장한다. 주전 8천 년 경부터 농업이 시작되었고 주전 21세기부터 롯의 후손인 암몬 사람들이 현재의 암만 지역을 중심으로 정착했던 것으로 생각된다(창 19:36-38; 민 21:26).

구약성경에 랍바 성으로 언급되고 신약성경에는 이 도시에 대한 언급이 없다. 헬라와 로마 시대에는 데카폴리스(10개의 헬라-로마식 도시) 중 하나인 필라델피아(헬라-나바티안-로마-비잔틴 시대)로 불렸고 주후 7세기 움마야드 왕조때부터 암만으로 불렸다.

(노재명, 구속사 성지 "암몬성(랍바 암몬)", www.newsnbible.com)

말씀의 꽃 · 나만의 일독 큐티

말씀의 열매 · 기도 제목

사탄의 유혹

일독 성경 역대상 19장 1-15절(역대상 21-24장 中)

씨앗말씀 · 오늘 내게 심어진 한 절 말씀

암몬왕 나하스가 죽자 다윗은 예전의 은혜를 생각합니다. 비록 적이었지만 조문을 하기 위하여 사신을 보냅니다. 아들 하눈이 왕이 되어 이 소식을 듣습니다. 그러자 신하들이 이야기합니다. 다윗이 정말로 조문하기 위하여 보내겠느냐며 아마 탐지하여 공격하려는 수작일 것이라고 옆에서 그릇된 조언을 합니다. 그러나 다윗은 진심이었습니다. 그러나 신하들의 이간질로 하눈은 사신들에게 수치를 주어 돌려보냅니다. 수염을 자르고 의복을 잘라 보내니 다윗은 안타깝게 여기고 여리고 성에 머물면서 회복되면 돌아오도록 조치를 취합니다.

하와가 선악과를 보았을 때에 사탄은 먹으라 하지 않았습니다. 하나님을 의심하게 만들었습니다. 사탄의 속임수는 드러나지 않고 이간질을 통하여 나타납니다. 결국 다윗의 진심을 모르고 군사를 모은 하눈은 다윗과의 전쟁에서 패합니다. 아람의 군대를 돈을 주고 샀지만 소용이 없었습니다.
선한 마음을 분별하지 못한 결과입니다. 의심이 아닌 믿음으로 분별하여 승리하는 삶이 되기를 소망합니다.

말씀의 가지

다윗은 인구 조사와 그로 인한 징계가 있은 후, 대언자 갓의 말을 따라 아라우나의 타작 마당에서 주께 제단을 쌓았다. 그 비용이 사무엘하 24장에서는 은 오십 세겔이라고 하고, 역대상 21장에서는 금 육백 세겔이라고 한다. 이처럼 서로 다른 두 가격에 대해 어떤 이들은 성경에 오류가 있다고 주장하거나 성경 필사자들이 사본을 만들면서 실수를 했다고 주장한다. 이 문제는 전후 문맥을 읽어 보면 쉽게 알 수 있다.

사무엘하 24장에서는 다윗이 은 오십 세겔로 타작 마당, 소들, 타작 기구와 소들을 부리는 기구 등을 샀다(삼하 24:22,24). 그런데 역대상 21장 25절은 다윗이 "그 장소"를 사기 위해 금 육백 세겔을 주었다고 한다. 역대상 21장에서의 그 장소란 "아라우나의 타작 마당"을 말하는 것이 아니라, 아라우나의 타작 마당이 있는 장소를 말한다.

(김문수, "아라우나의 타작 마장 가격은? (성경지킴이)", www.keepbible.com)

말씀의 꽃 · 나만의 일독 큐티

1. 누군가에게 선의를 베풀었다가 오해를 산 적이 있는가?
2. 누군가의 선의를 오해해서 오히려 상처를 준 적이 있었는가?
3. 암몬 자손이 잘못한 것을 깨달았을 때 어떻게 했는가?(대상 19:3, 6)
4. 혹시 나의 실수로 누군가의 관계를 멀어지게 한 적은 없는가?
5. '선함'의 기준은 무엇일까?

예배의 댓가

일독 성경 역대상 21장 9-27절(역대상 25-29장 中)

씨앗말씀 · 오늘 내게 심어진 한 절 말씀

사탄의 격동으로 다윗이 군사를 계수하게 됩니다. 하나님은 진노하셨습니다. 선지자 갓을 보내어 세 가지 심판 중에서 선택하라고 하십니다. 삼 년 기근이든지 세 달 동안 적에게 패하여 피해다니든지 아니면 전염병이 나라에 일어나는 것 중에서 선택하라고 하십니다. 다윗은 하나님의 손에 빠지고 사람의 손에 빠지지 않기를 원한다고 말합니다. 벌을 받는 상황에서 다윗의 대답이 구체적이지 않았음에도 하나님은 다윗의 마음을 헤아려 주십니다. 그래서 전염병을 내려 백성 칠만이 죽습니다. 다윗이 상하면 나라가 흔들리고 백성 전체가 죽는 상황을 면하는 선택을 하나님이 해 주신 것입니다. 무슨 벌이 와도 다 받겠다는 다윗의 마음입니다. 다윗은 하나님께 회개하며 다시 한 번 기도합니다. 하나님께서는 갓을 통하여 다시 말씀하십니다. 오르난의 타작 마당에서 제단을 쌓으라고 하십니다. 다윗은 오르난의 타작 마당에 갑니다. 오르난은 채 얼굴도 들지 못하고 다윗을 맞이합니다. 이 타작 마당에서 제단을 쌓아야겠다는 다윗의 말에 오르난은 모든 제물과 장소를 사용하라고 대답합니다. 그러나 다윗은 이렇게 대답합니다. 그렇지 아니하다. 내가 값 없이는 제단을 드리지 않으리라. 예배는 응답입니다. 그리고 예배는 반드시 마음과 정성이 드려져야 합니다. 형식적으로 그냥 드리는 것이 아니라 댓가를 드리는 예배가 되어야 합니다. 다윗은 여호와 앞에 최선의 예배를 드렸습니다. 전염병이 그치고 하나님께서 응답해 주셨습니다. 진정한 승리는 칼에 있지 않고 기도에 있습니다. 예배의 승리는 삶의 승리입니다.

여히엘 [Jehiel]

뜻: "하나님은 살아 계신다."

성경에는 그 이름이 각기 10명에게 사용되었는데, 그중 몇 사람을 살펴보면 다음과 같다.

[1] 다윗이 여호와의 궤 앞에서 비파 타는 일을 하도록 임명한 레위인 중 한 사람(대상 15:18).

[2] 레위 사람 게르손의 자손 라단의 아들로 다윗왕 시대의 라단 족속의 족장(대상 23:8).

[3] 학모니의 아들. 다윗 시대에 왕자들의 배종이 되었다(대상 27:32).

[4] 유다 왕 여호사밧(B.C. 872–847년)의 아들(대하 21:2).

(닷컴바이블, "여히엘", www.subkorea.com/xe/bbdictionary)

말씀의 꽃 · 나만의 일독 큐티

말씀의 열매 · 기도 제목

야긴과 보아스

일독 성경 역대하 3장 1–17절(역대하 1–4장 中)

씨앗말씀 · 오늘 내게 심어진 한 절 말씀

솔로몬이 아버지 다윗에게 주신 하나님의 말씀대로 성전 건축을 시작합니다. 모리아 산에 짓습니다. 이곳은 오르난의 타작 마당에서 다윗이 정한 곳입니다. 다윗이 값 없이 예배하지 않겠다고 마음을 드린 곳입니다. 이곳은 또한 아브라함이 아들 이삭을 바친 곳입니다. 성전은 땅이 아닌 믿음의 고백 가운데 지어졌습니다. 그래서 예수님은 베드로에게 그의 고백 가운데 하나님의 교회가 세워짐을 말씀하셨습니다. 그래서 이름도 바꿔주셨습니다.

건축가의 지혜가 아닌 하나님이 말씀하신대로 성전을 짓습니다. 성전이 바로 하나님의 임재하심이기 때문에 그 근본이 하나님의 계획과 뜻 가운데서 이루어집니다. 가장 좋은 재료로 이루어집니다. 하나님께 드리는 것은 세상을 벗어나서 있지 않습니다. 그러나 구별되어 드려집니다. 제물을 드려도 가장 선한 것으로 드리고 제사에 임해도 구별된 옷을 입고 하나님께 나아갑니다.

진정한 믿음은 마음에 있습니다. 얼만큼 준비하여 나아가는가가 중요합니다. 다윗은 자신의 생전에 건축하지 못하는 성전을 최선을 다해 준비하였습니다. 솔로몬의 성전은 솔로몬의 준비와 공로가 아니라 하나님이 계획하신대로 다윗의 믿음과 솔로몬의 지혜를 모두 사용하셨습니다. 우리의 인생이 인도하시고 주관하시는 하나님의 계획대로 지어져가기를 소망합니다.

말씀의 가지

사무엘서나 열왕기서와 동시대의 역사를 기술하고 있는 역대기는 다윗의 계보에서부터 다윗의 통치 전반의 역사를 다루는 '역대상'과 솔로몬의 즉위와 통치, 왕국 분열 후 남유다 왕국의 역사를 다루는 '역대하'로 구분된다. 그러나 역대기가 사무엘서나 열왕기서와 차이점이 있다면 사무엘서나 열왕기서가 선지자적 관점에서 왕을 중심으로 한 이스라엘의 정치 역사를 기술하고 있는 반면 역대기는 제사장적 관점에서 예루살렘 성전을 중심으로 한 종교적 측면을 다루고 있다는 점이다. 이런 이유에서 특히 역대하는 멸망한 북왕국은 거의 언급하지 않고 개혁 성향이 뛰어난 남유다 선왕들의 업적에 대해서는 많은 지면을 할애하고 있다.

(라이프성경사전(생명의 말씀사 2006), 역대기 Chronicles)

말씀의 꽃 · 나만의 일독 큐티

말씀의 열매 · 기도 제목

성전의 의미

일독 성경 역대하 6장 1-11절(역대하 5-8장 中)

씨앗말씀 · 오늘 내게 심어진 한 절 말씀

솔로몬의 성전이 완공됩니다. 제사를 드릴 때에 하나님의 영광이 임하여 더 이상 진행을 할 수 없게 됩니다. 진정한 예배는 하나님의 임재하심입니다.
그들은 그곳에서 제사를 멈추었습니다. 하나님이 함께하시는 그곳에서 불을 피우고 제사를 드려야 한다고 고집하지 않습니다. 예배는 우리의 형식이 아닙니다. 하나님이 함께하시는 감격이 예배를 멈추고 고백하게 되는 것, 그것은 우리가 꿈꾸는 예배입니다. 그런 감격 속에서 솔로몬이 고백합니다.
지금까지는 언약궤가 성막 안에 있었지만 이제는 영원한 전에 거하십니다. 솔로몬은 솔로몬의 성전에 하나님이 영원히 계심을 선포합니다. 그러나 이 솔로몬의 성전은 현재는 파괴되어 없고 언약궤도 소실되었습니다. 그렇다고 솔로몬의 고백이 거짓입니까? 아닙니다. 솔로몬의 성전은 바로 성전되신 예수 그리스도를 보여 주는 중요한 상징입니다. 예수님은 이 땅의 성전을 헐라 내가 사흘 만에 일으키리라고 말씀하셨습니다. 제자들도 이 말이 무슨 뜻인지 예수님이 죽으시고 삼 일 후 부활하시고서야 알았습니다. 진정한 성전이자 진정한 교회는 바로 우리 주 예수 그리스도이십니다. 예수 그리스도께서 우리 안에 오시면 우리의 삶이 성전이 됩니다.
예수님은 또한 빛이라고 말씀하셨습니다. 빛이 비취는 모든 곳이 성전입니다. 예수님께서 계시는 곳이 거룩한 성전입니다. 우리의 인생이 성전이 됩니다. 언약궤가 소실된 것은 은혜입니다. 만약 언약궤가 이스라엘 예루살렘에 지금도 있다면 하나님은 거기에만 계시다고 믿고 많은 이들이 그곳만을 바라볼 것입니다. 그러나 이제는 하나님의 임재가 언약궤가 아닙니다. 오직 믿음을 가진 우리의 고백에 있습니다. 우리가 성전된 것과 하나님이 임재하시는 것은 놀라운 은혜입니다. 이 모든 것을 바로 솔로몬이 지은 이 성전을 통하여 하나님이 보여 주셨습니다. 성전된 삶을 감사함으로 살아가기를 소망합니다.

말씀의 가지

언약궤

지성소 안에 언약궤가 있었다(히 9:4). 모세가 성막을 지었을 때는 누구도 지성소에 들어갈 수 없었다. 언약궤 구조는 간단하다. 가로 2규빗 반과 세로 1규빗 반, 높이 1규빗 반으로 만들어졌다(출 25:10). 한 규빗은 약 45cm이다. 언약궤에 사람의 손이 닿으면 그 사람은 죽었다. 언약궤 안에는 증거판과 만나, 그리고 아론의 싹 난 지팡이가 들어있었다.

(국제 성경 연구원, "언약궤에 대해", http://cafe.daum.net/walkwithbible)

말씀의 꽃 · 나만의 일독 큐티

말씀의 열매 · 기도 제목

4월

23 하나님의 선택

일독 성경 역대하 10장 1-15절(역대하 9-12장 中)

말씀의 씨앗

씨앗말씀 · 오늘 내게 심어진 한 절 말씀

솔로몬이 죽고 아들 르호보암이 왕이 되었습니다. 그때 애굽에 피해 있던 여로보암이 이스라엘로 돌아왔습니다. 아히야가 10지파를 다스리는 왕이 되리라는 예언을 하자 솔로몬이 여로보암을 죽이려 하였기 때문에 솔로몬이 죽기까지 피해 있었던 것입니다. 여로보암이 이스라엘 백성들과 와서 르호보암에게 만일 부친이 하던 무거운 사역을 가볍게 해 주시면 더욱 잘 섬기겠다고 이야기합니다. 그러자 르호보암은 삼 일의 시간을 요구합니다. 그리고 먼저 원로들과 의논합니다. 원로들은 백성의 소리에 응해줄 것을 제안합니다. 다시 친구들과 의논합니다. 친구들은 권위를 세워 더 무거운 것으로 다스리라고 말합니다. 르호보암은 친구들의 권유대로 부친이 채찍이었다면 자신은 전갈로 다스리겠다고 엄포합니다. 백성의 마음이 떠나가고 맙니다. 그래서 분열되어 여로보암을 중심으로 이스라엘 나라를 이루는 계기가 마련됩니다. 표면적으로 보면 르호보암의 실수로 보입니다. 그가 원로들의 의견을 무시하고 미숙한 소년들의 이야기를 들은 것처럼 보입니다. 그러나 이것은 솔로몬이 우상을 섬기고 자신의 지혜를 하나님의 뜻대로 사용하지 않은 것에 대한 하나님의 말씀에 성취였습니다.

사람들은 르호보암을 왕으로 세웠지만 사람이 세운 것은 아무런 힘이 없습니다. 르호보암은 문제를 해결하기 위해 기도하지 않고 사람의 조언에 따라 결정하였습니다. 결국 기도하지 않은 그곳에선 아무것도 해결되지 않았습니다. 예언대로 여로보암이 10지파를 중심으로 이스라엘의 왕이 되었습니다. 우리의 삶에 중요한 결정의 순간이 올 때 주신 지혜를 잘 활용하는 것이 중요합니다. 그러나 하나님을 넘어서는 지혜는 없습니다. 하나님의 뜻을 구하고 말씀대로 살아가는 삶이 되기를 소망합니다.

말씀의 가지

르호보암

'백성의 수가 많다'는 뜻. 솔로몬과 암몬 여자 나아마 사이에 태어난 분열 왕국 남유다의 초대왕(왕상 14:21,31). 솔로몬의 뒤를 이어 왕이 됐으나 지나친 조세 부담과 부역에 반발한 10지파가 여로보암을 주축으로 반란을 일으키고 북이스라엘을 건국하자 유다, 베냐민 두 지파만 거느리고 남유다의 왕이 되었다(왕상 12:1-15). 이에 18만의 군사를 일으켜 북이스라엘을 치려 하였으나 스마야 선지자의 만류로 북벌 계획을 중단하였다(왕상 12:22-24). 그후 3년 간 성실히 하나님을 섬겼으나 얼마 되지 않아 우상숭배에 빠져들게 되고 하나님의 진노로 5년째 되던 해 애굽 왕 시삭의 공격 앞에 왕궁까지 약탈당하는 위기를 겪는다(왕상 14:25-28). 그후 북이스라엘과도 잦은 분쟁을 치른다(대하 12:2-4,15). 그는 '지혜가 없고 미련하여 백성을 반역으로 몰아넣은 자'로 평가받고 있다(the Wisdom of Ben Sirach).

(라이프성경사전(생명의 말씀사 2006), 르호보암[Rehoboam])

말씀의 꽃 · 나만의 일독 큐티

말씀의 열매 · 기도 제목

하나님의 계산법

일독 성경 역대하 13장 13-22절(역대하 13-16장 中)

씨앗말씀 · 오늘 내게 심어진 한 절 말씀

유다의 르호보암에 이어 아들 아비야가 왕이 됩니다. 여로보암이 유다를 공격하기 위하여 팔십만의 군사를 준비합니다. 아비야는 사십만을 준비하였지만 여로보암에게 "너희는 하나님을 뜻을 배반하였으나 우리는 하나님을 의지하노라"고 말합니다. 하나님이 함께하신 유다는 큰 승리를 거둡니다. 숫자적으로는 도저히 이길 수 없는 현실 속에서 하나님이 함께하시니 승리하게 됩니다.

우리의 삶 속에 수없이 다가오는 힘겨운 현실이 사람을 의지하고 싶고 때로는 포기하고 싶을 때에 믿음을 가지고 다시 한 번 용기를 내어 하나님만 붙잡고 나아갈 때에 그것이 믿음의 간증이 됩니다. 원래 이길 수 있는 상황은 믿음이 아닌 실력입니다. 그러나 실력으로만 살아가는 사람은 아무도 없습니다. 승리는 하나님의 손에 있기 때문입니다. 결국 여로보암은 우상을 섬기고 하나님을 떠나 죽고 맙니다. 그러나 아비야는 큰 가족을 이루는 축복을 받습니다. 눈으로 보이는 나라의 크기는 작았지만 하나님이 주시는 행복의 크기는 비교할 수 없게 크게 차이가 납니다. 아비야가 누린 축복의 근원은 하나님을 의지함입니다. 사람이 계산할 수 없는 하나님의 은혜입니다. 믿음을 가지고 끝까지 승리하는 삶이 되기를 소망합니다.

말씀의 가지

아사왕에 대해

아사(재위 기원전 911년경–870년경)는 분열 유다 왕국의 3대 왕으로 그의 재위 기간 내내에도 역시 전왕 아비야 때처럼 전쟁 중이었으나 모두 승리했다. 그러나 말년에 벌인 일로 인해 벌을 받았다.

아사는 하나님의 눈에 드는 옳은 일을 하여 왕위에 오르자 이방 제단과 산당들을 없애고 기념 기둥들을 깨뜨렸으며, 아세라 목상들을 토막냈다. 그리고 유다의 모든 성읍에서 산당들과 분향 제단들을 없애버렸다. 이로써 나라가 평온해지자 견고한 성읍들을 짓고 여러 해 동안 전쟁을 겪지 않았다.

(위키백과, "아사왕", ko.wikipedia.org)

말씀의 꽃 · 나만의 일독 큐티

말씀의 열매 · 기도 제목

다수가 아닌 진리

일독 성경 역대하 18장 23-34절(역대하 17-20장 中)

씨앗말씀 · 오늘 내게 심어진 한 절 말씀

이스라엘왕 아합이 유다왕 여호사밧에게 동맹을 제의하여 함께 아람과 전쟁에 나가게 됩니다. 그러나 여호사밧이 전쟁에 나가기 전 하나님의 뜻을 묻기를 요청합니다. 많은 예언자들이 승리를 예언합니다. 그러나 한 사람 미가야는 패배를 말합니다. 예언자들의 입에 거짓말하는 영이 있다고 말하자 시드기야가 미가야의 뺨을 때리고 아합은 결국 미가야를 옥에 가두라고 명령합니다. 전쟁에 나갈 때 아합은 궁중의 옷으로 변장을 하고 여호사밧은 그대로 왕의 옷을 입고 임할 것을 제안합니다. 그렇게 하기로 하고 전쟁에 나가자 아람 군사는 여호사밧이 이스라엘 왕인줄 알고 공격하려 합니다. 여호사밧은 미가야를 청하여 하나님의 뜻을 듣는 것까지는 했지만 하나님이 기뻐하지 않으시는 장소에 있었던 것입니다. 그래서 결국 곤경에 처합니다. 그러나 어려움 속에서 여호와께 부르짖을 때에 이스라엘 왕이 아님을 알고 대적들이 더 이상 쫓지 않아 하나님의 손으로 안전하게 보호받게 됩니다. 그러나 군중속에 숨어있던 아합왕은 우연히 쏜 화살에 맞아 미가야의 예언대로 죽고 맙니다.

믿음은 다수결이 아닙니다. 단 한 가지 하나님의 진리를 분별하는 것이 지혜입니다. 그리고 그것을 순종하는 것이 믿음입니다. 모두의 의견이 아니라 말씀의 은혜로 교회와 가정을 다스리는 것이 능력입니다. 고난의 길이라도 예수님처럼 하나님이 원하시는 길에 서 있기를 소망합니다.

말씀의 가지

유다왕 여호사밧

남왕국 유다의 제4대 왕(B.C. 872–847년). 아사왕과 아수바 사이에서 태어났고, 35세에 왕위에 올라 25년간 통치했다. 불의한 왕 아합이나 아하시야와의 연합 같은 실수도 있었으나 전반적으로 여호와가 보시기에 정직히 행하며 그분을 경외함으로써(왕하 22:4; 대하 19:9) 히스기야, 요아스와 함께 유다의 3대 선왕으로 인정되고 있다. 여호사밧은 왕위에 오르자 우상과 산당을 파괴하고, 백성에게 율법을 가르치며 오직 하나님만을 의지하게 하고, 사회 정의를 구현하는 등의 노력을 기울였다(대하 17:6–9, 18:4–6, 19:2–11, 20:3–32). 이로 인해 하나님이 복을 주셔서 나라가 견고해졌다(대하 17:10–19).

(라이프 성경사전(생명의말씀사 2006), 유다왕 여호사밧)

말씀의 꽃 · 나만의 일독 큐티

말씀의 열매 · 기도 제목

다시 타락

일독 성경 역대하 21장 8-20절(역대하 21-24장 中)

씨앗말씀 · 오늘 내게 심어진 한 절 말씀

여호사밧 왕에 이어 그의 아들 여호람이 왕이 됩니다. 여호사밧은 하나님의 도우심으로 전쟁을 치르지도 않고 승리를 거둡니다. 그러나 여호람이 왕이 되어 에돔과 립나가 치리에서 벗어나게 됩니다. 점점 국력이 약해집니다. 엘리야가 와서 그 이유를 말해줍니다. 이스라엘 왕 아합의 딸과 결혼하여 우상을 섬기기 시작했기 때문입니다. 아버지와 할아버지 때의 믿음의 모습이 사라졌기 때문입니다. 산당을 세워 우상을 섬겼기 때문입니다. 힘은 권력에 있지 않습니다. 오직 하나님을 온전히 바라보는 믿음에 있습니다. 믿음을 떠나자 결국 창자가 빠져나오는 중한 병으로 죽게 된다는 예언을 받습니다. 그리고는 전쟁에 패하고 예언대로 죽습니다. 여호람이 죽었을 때 백성들은 분향하는 것을 꺼렸습니다. 그가 왕으로 군림할 때에는 어쩔 수 없이 복종하고 아부하였지만 그가 죽자 아무도 돌아보지 않습니다. 아끼는 사람이 없이 세상을 떠났습니다. 가장 초라하고 비참하게 장례를 치릅니다. 그리고 다윗의 성에서 장사는 하였으나 왕조의 묘실에는 묻히지 못하는 수치를 당하게 됩니다.

권력으로 받는 찬사와 사랑은 권력과 함께 사라지지만 하나님의 진실한 사랑과 은혜는 우리의 축복입니다. 자신의 자랑이 아닌 하나님의 능력이 진정한 힘입니다. 하나님을 의지함으로 승리하는 삶이 되기를 소망합니다.

말씀의 가지

여호야다

그는 대중을 우위로 이끌었던 종교적인 인물이었다. 그는 백성이 정치적이고 법적인 힘으로 인식되어야 한다고 주장했다. 여호야다는 이스라엘 백성이 주의 백성이 되는 언약을 주님과 왕과 백성 사이에 맺게 하고, 동시에 왕과 백성 사이에도 언약을 맺게 하였다. 고대 근동의 그 어떤 나라에서도 그 같은 합의가 도출된 예를 찾아볼 수 없다. (생략) 이스라엘이 멸망했을 당시 유다 왕 히스기야의 군은 북왕국의 전차부대에 비해 빈약하고 훨씬 더 열등한 상태에 있었음에도 불구하고 암 하아레쯔들의 지원을 통해 예루살렘 서쪽에 새로운 성벽을 건축하여 예루살렘을 다시 견고히할 수 있었다.

(폴 존슨, 유대인의 역사 1 이스라엘 사람들(살림출판사, 2005), p.173)

말씀의 꽃 · 나만의 일독 큐티

더 생각해 보기

1. 왕이 된 여호람이 세력을 얻은 후 한 일은 무엇인가? 그 이유는 무엇일까?(대하 21:4)
2. 세상의 길로 향하는 것, 세상의 사람과 결혼한다는 것은 무엇을 의미하는가?(대하 21:6)
3. 더 나은 상황을 만들려고 했던 노력들이 오히려 상황을 악화시킨 적이 있었는가? 있었다면 그 이유는 무엇이었을까?
4. 내가 지금까지 내렸던 결정들 중에 여호람과 같은 행동들은 없었는가?
5. 지금 내 안에 있는 우상은 무엇인가? '우상'에 대해 정의를 내린다면?

능히 더 많이 주시는 분

일독 성경 역대하 25장 1-16절(역대하 25-28장 中)

씨앗말씀 · 오늘 내게 심어진 한 절 말씀

아마샤가 아버지 요아스의 뒤를 이어 이십오 세에 왕이 됩니다. 아마샤는 정직히 행하였으나 온전한 마음으로 하지 않았습니다. 그러나 하나님의 율례를 지키려 노력하였기 때문에 하나님께서 돌아보셨습니다. 부왕을 죽인 신복들을 죽였지만 그 자식들은 살려 주었습니다. 레위기의 말씀을 지켰습니다. 에돔과의 전쟁에 나가기 전에 군사를 정비하였습니다. 그리고 이스라엘에 군사 십만을 비싼 값을 치르고 삽니다. 그때 하나님의 선지자가 나타나 말합니다. 우상을 섬기는 이스라엘과 연합하는 것을 하나님이 원치 않으시며 그대로 나간다면 싸움에 패할 것입니다. 하나님은 능히 돕기도 하시고 패하게도 하십니다. 아마샤가 말합니다. 그럼 비싼 값을 치르고 산 군사이니 어떻게 하랴? 선지자는 하나님께서 능히 이보다 더 많은 것을 주실 수 있다고 대답합니다. 선지자의 말대로 이스라엘 군사를 돌려보내고 에돔과 전쟁을 치르자 사람의 계산으로는 고전할 것을 예상하였으나 하나님의 손으로 이기게 하십니다. 그러나 에돔 사람을 치고 돌아올 때에 그곳에서 취한 우상을 향하여 그만 경배하며 분향하는 죄를 범합니다. 선지자가 아마샤를 향하여 전쟁에서 물리친 나라의 신을 가져와 절하는 이유가 무엇입니까? 하나님이 당신을 멸하기로 결정하셨다고 말합니다.

진정한 승리는 무엇인가? 결국 겉모습은 거룩하나 속은 전혀 다른 모습이었던 아마샤의 삶은 당장에는 승리로 보였지만 결국 멸망하게 됩니다. 하나님을 온전히 섬길 때에 세상의 평가가 아닌 진정한 승리를 허락하십니다. 세상의 만족과 욕심이 아닌 믿음으로 승리하는 삶이 되길 소망합니다.

힌놈의 골짜기(역대하 28:3)

유대인들은 힌놈(Hinnom)의 남쪽 골짜기를 땅에서 지옥으로 들어가는 문으로 여겼다. 원래 이곳은 어린이들을 죽여서 불에 태우는 의식을 하던 곳으로 태양신 몰렉(Molech)에게 바치기 위한 제단이 있었던 곳이었다. 시체를 태운 불과 검은 재가 날리며 하얀 해골로 가득하여 온갖 썩는 냄새가 진동하였던 공포의 골짜기였다.

(박성렬, 선택받은 색(경향 미디어, 2006), p.264)

말씀의 꽃 · 나만의 일독 큐티

말씀의 열매 · 기도 제목

믿음의 개혁

일독 성경 역대하 31장 1-10절(역대하 29-32장 中)

씨앗말씀 • 오늘 내게 심어진 한 절 말씀

히스기야는 성전을 모두 정화합니다. 성전 안의 성물 외에 모든 것을 정리합니다. 그리고 유월절을 성대히 지킵니다. 그리고 이제 이스라엘에 있는 산당과 목상들을 모두 무너뜨립니다. 내부에서 시작하여 외부에 이르기까지 모두 하나님의 거룩함을 선포합니다. 히스기야가 병중에 기억해 달라고 부르짖을 때에 하나님은 바로 히스기야의 이러한 중심을 보신 것입니다.

우리의 믿음은 사람에게는 불편한 일이 된다 할지라도 하나님께 기억함이 됩니다. 온전히 하나님께 나아가려는 모습입니다. 말씀대로 온전한 제사 드리기를 힘씁니다. 헌물을 드리는 데에도 인색하지 않게 풍성히 하나님께 드립니다. 히스기야의 기도가 응답받는 기도가 된 것은 자신의 통치가 아닌 하나님의 다스림으로 국가를 운영하였기 때문입니다.

끝까지 승리하는 유일한 길은 오직 하나님 안에 있습니다. 그분의 손에 나라가 있으면 안전이 있습니다. 오늘도 다시 한 번 하나님의 거룩함을 회복하는 하루가 되기를 소망합니다.

히스기야의 종교개혁

히스기야의 종교개혁은 북이스라엘이 망하고 난 후 히스기야의 단독통치 기간에 이루어졌다. 신앙 회복을 위해 레위 사람의 성결을 명령하고(대하 29:5), 여호와의 전을 성결하게 할 것을 명하였다(대하 29:5). 레위의 성결 작업에는 그핫, 므라리, 게르손의 자손 중에서 각 2명, 엘리사반의 자손 중에서 2명, 아삽, 헤만, 여두둔의 자손 중에서 각 2명씩 총 14명으로 구성되었다.

(오영춘, "분열왕국 숲으로 입체로 보기(좋은땅 2012)", p.171)

말씀의 꽃 · 나만의 일독 큐티

말씀의 열매 · 기도 제목

말씀의 발견

일독 성경 역대하 34장 29-33절(역대하 33-34장 中)

씨앗말씀 · 오늘 내게 심어진 한 절 말씀

요시야는 성전 수리를 위하여 드린 헌금을 자신을 위해 쓰지 않고 헌금의 목적대로 순전하게 드립니다. 그리고 제사장으로 하여금 이일을 감당하게 합니다. 성전을 수리하는 것은 하나님을 사모하는 표현이었습니다. 수리를 하던 중 한 두루마리를 발견합니다. 하나님의 말씀이 적힌 두루마리입니다. 하나님이 자신의 백성을 인도하시는 방법입니다. 요시야왕은 옷을 찢으며 두려움과 경외함으로 이 말씀을 듣습니다. 그리고 모든 백성을 모아 제사장을 통해 이것을 낭독합니다. 먼저 내게 감동이 있을 때에 전할 수가 있습니다. 그냥 전하는 것은 인간의 의입니다. 내게 주신 은혜를 전하는 것은 사랑입니다. 요시야는 은혜를 전하고 있습니다. 마음을 다하고 뜻을 다하여 여호와께 순종하며 오직 말씀을 쫓아 나라를 다스리고 살아갈 것을 선포합니다. 하나님의 나라는 하나님의 방법으로 다스려지는 나라입니다. 하나님의 사람은 하나님의 방법으로 다스려지는 사람입니다. 오직 우리의 인생은 하나님의 말씀을 선포하고 순종할 때에 하나님의 손에 붙잡힐 수 있습니다. 요시야가 온전히 서서 말씀을 중심으로 온 백성을 모으자 나라가 하나님의 뜻 가운데 하나가 됩니다.

한 나라가 하나의 가치관을 가지고 하나되는 것보다 위력적인 것은 없습니다. 요시야의 위대함은 하나님이 다스리는 나라가 되도록 최선을 다하였다는 것입니다. 가정도 직장도 교회도 모두 하나님이 다스릴 때에 온전한 능력이 나타납니다. 요시야에게 말씀의 발견은 하나님을 사랑함으로 성전을 수리하기 시작하여 온 백성이 하나가 되는 놀라운 통치의 축복까지 연결됩니다. 오직 말씀의 능력으로 승리하는 삶이 되기를 소망합니다.

므낫세
통치 기간이 가장 긴 왕이자 유다 역사상 가장 악한 왕이다. 하늘의 일월성신을 경배하고, 성전에 우상의 제단과 우상을 만들고, 자신의 아들들을 불 가운데로 지나가게 하는 이방 의식을 행하는 등 므낫세의 악행은 상상을 초월한다. 므낫세는 12세에 왕위에 올랐다. 히스기야가 병에 걸렸다 간구함으로써 생명을 연장받은 기간은 15년이다. 즉, 므낫세는 연장된 15년 중에 낳은 아들이다. 이 15년은 히스기야가 영적으로 나태한 때였다. (생략) 므낫세가 하나님의 경고를 듣지 않자 하나님은 그가 앗수르에 결박당해 가게 하셨다. 그러나 잡혀간 므낫세가 하나님께 간구하고 겸손하게 기도하자, 하나님은 그를 돌아오게 하시고 왕의 자리에 복귀시켜 주셨다. 그 후 므낫세는 달라졌다. 우상을 제거하고 하나님의 제단을 보수하며 백성들에게 하나님만 섬기도록 명령했다. 그러나 이미 저질러 놓은 악이 너무 커서 돌이키기엔 역부족이었다.

(송준석, "떡굽는 사람 맛디댜(도마의길 2008)", p.244)

말씀의 꽃 · 나만의 일독 큐티

말씀의 열매 · 기도 제목

자리를 지키는 겸손

일독 성경 역대하 35장 1-6절(역대하 35-36장 中)

씨앗말씀 · 오늘 내게 심어진 한 절 말씀

요시야 왕은 유월절 절기를 최선을 다하여 지킵니다. 애굽에서 건지시고 홍해를 가르시고 광야를 지나게 하시며 결국 약속의 땅으로 오게 된 모든 시작은 유월절 어린양의 피로 가능하였습니다. 요시야는 모든 일의 근원이 하나님이심을 선포하길 원합니다. 그러나 자신이 제사에 관여하지 않았습니다. 자신은 정치 지도자의 자리에 서서 제사장을 도왔습니다. 자신의 자리를 넘어서는 교만이 아닌 자리를 지켜낸 것입니다. 사울이 왕이 되어 스스로 제사를 드리며 나아갔을 때에 하나님은 그의 중심을 보시고 꾸짖으셨습니다. 각자의 사명이 있습니다. 하나님은 자신의 자리를 충성되이 지키기를 원하십니다. 모든 제사를 드리는 데에도 질서를 따라 행합니다. 그리고 그 모든 질서는 오직 말씀을 의지합니다.

봄 여름 가을 겨울이 질서대로 바뀌듯이 밤과 낮이 질서대로 교대하듯이 씨를 심고 싹이 나고 꽃이 피듯이 세상은 하나님이 만드신 질서를 따라 아름답게 움직입니다. 우리의 사역도 삶도 모든 일도 그 질서를 지켜나가는 것은 하나님이 우리에게 주신 지혜입니다. 요시야는 질서를 좇아 겸손함으로 하나님께 순종하였습니다. 이것이 통치력입니다. 하나님이 주신 새 힘은 오직 믿음 안에 있습니다. 믿음으로 자신의 자리를 잘 알고 지키는 하루가 되기를 기도합니다.

여호야김

여호야김(재위 기원전 609년경–598년경)은 분열 유다 왕국의 18대 왕으로 그도 역시 악한 짓을 저질렀다. 본명은 엘리아김이다. 전왕 요시야와 루마 출신 프다야의 딸 즈비다의 아들로 본명은 '엘리아김' 이었으나 이집트의 왕 느코가 쳐들어와 형제이자 왕이었던 여호아하스를 폐위시키고 엘리아김을 왕으로 세워 이름을 '여호야김'으로 바꿨다. 그리고 이집트에게 배상금을 물었다. 25세에 왕위에 오른 여호야김은 다른 왕들과 다름 없이 악한 짓들을 저질렀다. 그러나 바빌론 제국의 왕 네부카드레자르 2세가 쳐들어와 그를 끌고 가 3년 동안 신하로 두었다. 그 후 다시 돌아와 바빌론에 반역을 하였으나 칼데아와 아람과 모압, 암몬 등의 약탈대가 쳐들어왔다.

(위키백과, "여호야김", ko.wikipedia.org)

말씀의 꽃 · 나만의 일독 큐티

말씀의 열매 · 기도 제목

날짜 . . .

주일 설교 노트

날짜 . . .

주일 설교 노트

날짜 . . .

주일 설교 노트

날짜 . . .

에스라 1장 - 시편 41편

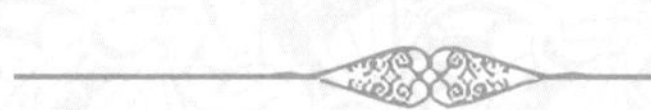

JUM 성경읽기표

• 5월 •

날짜	읽을 본문	확인
1	에스라 1-5장	
2	에스라 6-10장	
3	느헤미야 1-4장	
4	느헤미야 5-7장	
5	느헤미야 8-10장	
6	느헤미야 11-13장	
7	에스더 1-5장	
8	에스더 6-10장	
9	욥기 1-3장	
10	욥기 4-7장	
11	욥기 8-10장	
12	욥기 11-14장	
13	욥기 15-17장	
14	욥기 18-21장	
15	욥기 22-24장	
16	욥기 25-28장	
17	욥기 29-32장	
18	욥기 33-37장	
19	욥기 38-42장	
20	시편 1-4편	
21	시편 5-7편	
22	시편 8-10편	
23	시편 11-14편	
24	시편 15-18편	
25	시편 19-23편	
26	시편 24-27편	
27	시편 28-31편	
28	시편 32-35편	
29	시편 36-37편	
30	시편 38-39편	
31	시편 40-41편	

위에서 오는 은혜

일독 성경 에스라 1장 1-11절(에스라 1-5장 中)

말씀의 씨앗

씨앗말씀 · 오늘 내게 심어진 한 절 말씀

유다의 멸망과 함께 70년이라는 긴 포로 생활이 시작됩니다. 북이스라엘과 남유다가 앗수르와 바벨론에 모두 패하고 포로가 됩니다. 그러나 이스라엘은 다시 회복되기를 소망합니다. 그리고 예레미야의 예언처럼 다시 하나님께서 성전을 시작으로 회복을 시작하십니다.

누구를 통하여? 무엇을 통하여? 자신의 힘과 전쟁이 아닌 하나님의 섭리를 통하여 이루어집니다. 이방 왕의 마음을 변화시키시사 하나님의 성전 재건을 허락받습니다. 우리의 계획과 능력이 우리에게 혜택을 주는 것은 아주 작은 일입니다. 그러나 하나님이 움직이시면 민족 전체의 문제가 해결됩니다. 민족 전체의 소망이 이루어집니다. 이것이 하나님의 섭리입니다.

바사왕 고레스는 성전 재건을 허락합니다. 중요한 것은 허락을 받았다고 다 움직이는 것이 아닙니다. 마음이 하나님께 감동된 자들이 그 역사에 참여하기 위해 움직입니다. 분별력이 있는 사람은 기회를 보게 됩니다. 그리고 부지런한 사람은 그 기회를 위하여 움직이기 시작합니다. 결국 성전 재건이 시작되고 이전에 빼앗겼던 성전의 기명까지 모두 회복시키십니다. 포로기에 빼앗기지 않았다면 그 소중함을 알기 어려웠을 것입니다. 70년이라는 세월의 고통이 기명 하나 하나를 소중히 만들어 줍니다. 우리 가운데 너무 흔하게 있는 것들이 모두 하나님의 은혜임을 고백한다면 평생 감사하며 살아도 모자를 것입니다.

오늘도 우리를 인도하시는 하나님의 은혜에 감사하는 삶이 되기를 소망합니다.

말씀의 가지

에스라 당시의 주변 정황은 페르시아 제국을 일으킨 고레스가 이스라엘 백성들 중 포로들을 본국으로 귀환하게 하여 이스라엘 백성들의 신앙 재건과 성전 재건에 적극적 관심을 보여 주었다. 하지만 이후 뒤를 이은 아닥사스다 1세는 성전 재건 작업을 방해하는 반대세력의 요구를 수용했으며, 그 뒤를 이은 다리오왕은 유대 백성의 요구를 다시 받아들여 성전 재건 역사를 재인가하여 성전 재건은 다리오왕 6년 아달월 3일에 완공된 기록을 갖고 있다. 그러므로 에스라서에는 이스라엘 포로 귀향민들의 성전 재건과 신앙, 율법 재건과 관련된 모든 역사가 강대국 페르시아 왕실의 주변 약소국 지배 정책과 밀접한 관련성을 갖고 있음을 보게 된다.

(동서말씀 연구회 – 심층 구약 읽기12, http://m.blog.daum.net/innovator–bay/12980024)

말씀의 꽃 · 나만의 일독 큐티

말씀의 열매 · 기도 제목

포기하지 마라

일독 성경 에스라 6장 1-12절(에스라 6-10장 中)

말씀의 씨앗

씨앗말씀 · 오늘 내게 심어진 한 절 말씀

사마리아 사람들의 방해로 15년이라는 긴 세월 동안 성전 재건이 중단됩니다. 그러나 70년을 기다린 이스라엘 백성은 또 다른 기다림 속에서 멈추지 않고 갈망하였습니다. 다리오왕이 세워졌을 때에 고레스왕의 조서를 발견합니다. 그리고 그 조서에 성전 재건에 대한 내용을 읽고 명령을 내립니다.

"성전 재건을 허락하되 왕실에서 그 비용을 모두 물고
또한 느브갓네살왕때의 포획하였던 모든 성전 기물을 돌려주어라."

결국 다시 성전 재건의 역사가 시작됩니다. 다리오왕은 날마다 제사에 쓰일 제물을 주어 왕과 왕자의 생명을 위하여 기도하게 합니다. 비록 이방 민족의 왕이었지만 하나님이 주신 마음입니다. 하나님을 인정하고 있습니다.

우리 인생의 문제가 다가올 때에 기도하는 사람에게 길이 보입니다. 신앙을 지켜 나가는 사람에게 기회가 옵니다. 그리고 무엇보다도 세상의 기준이 아닌 하나님이 기뻐하시는 삶을 삽니다. 비록 더딜지라도 하나님이 이루실 일을 기대하는 하루가 되기를 소망합니다.

느디님 자손들

바벨론 포로 귀환 당시 레위인 대열에 합류하여 귀환한 이방 민족을 가리킨다(대상 9:2). 에스라가 바벨론 포로지에서 귀환할 때 행군을 전면 중지하고 아하와로 흐르는 강가에 귀환하는 백성을 모으고 거기서 3일 동안 장막에 유하면서 백성과 제사장을 살펴본즉 레위인이 하나도 없음을 알았다. 모든 족장 9명과 명철한 사람 요야립과 엘라단을 불러, 그들을 통해 찾고 또 찾아 레위인 38명과 가계별 대표 3명(세레뱌, 하사뱌, 여사야)과 느디님 사람 220명이 귀환 대열에 합류할 수 있었다(스 8:15-20). 느디님 사람들이 레위인들의 대열에 함께하여 귀환할 수 있었던 것은 레위인들이 모여 사는 곳에 느디님 사람들도 함께 있었기 때문으로 보인다. 느디님 사람들은 순수한 유대 혈통이 아니라 성전 봉사자로 쓰임 받던 이방 민족이었다. 이들은 비록 혈통적으로는 이스라엘 백성이 아니었으나, 여호와를 경외하는 신앙 안에서 이미 뿌리를 내려 이스라엘 백성이 되어 있었던 자들이다(스 2:43-54; 느 7:46-56).

(박윤식, 구속사 시리즈 6권(도서출판 휘선), p.96-97)

말씀의 꽃 · 나만의 일독 큐티

말씀의 열매 · 기도 제목

하나님의 선한 손

일독 성경 느헤미야 2장 11-20절(느헤미야 1-4장 中)

씨앗말씀 · 오늘 내게 심어진 한 절 말씀

스룹바벨과 에스라에 의한 성전 재건이 착공은 되었으나 완성되지 못하고 또한 주변 민족의 공격으로 훼파되어 있음을 듣습니다. 마음에 슬픔을 이기지 못한 채 왕의 부름으로 술을 따르던 느헤미야는 이유를 묻는 왕에게 자신의 마음을 이야기합니다. 왕은 어떻게 하기를 원하는지 물어봅니다. 그때 느헤미야는 바로 대답하지 않고 하나님 앞에 기도하고 대답합니다.

이것이 믿음입니다. 기회를 잡되 내가 잡는 것이 아니라 하나님의 손을 의지하는 것입니다. 왕의 허락과 함께 유다까지 통과하는 통과조서와 집을 지을 수 있는 물품의 사용 조서까지도 구체적으로 요구합니다. 그리고 현장에 도착하여 은밀하게 주변의 상황을 살펴봅니다. 후에 리더들을 모아 이야기합니다. 자신이 오게 된 일과 밤에 성과 성벽의 상태를 살펴본 이야기를 합니다. 오직 하나님의 선한 손이 이를 가능하게 하였음을 이야기합니다. 그러자 모두 마음을 합하여 함께 할 것을 결의합니다. 하나님의 선한 손이 이끌어주시지 않으면 아무일도 할 수 없습니다. 오직 믿음으로 나아갈 때에 그 일이 가능함을 알 수 있습니다. 이 일을 듣고 도비야와 산발랏과 게셈이 방해를 하려고 수를 쓰지만 그럼에도 느헤미야는 하나님이 함께하심을 선포하며 전혀 의심하거나 두려워하지 않습니다.

방해는 언제나 있습니다. 오히려 방해가 있다는 것은 그만큼 그 일이 가치가 있다는 것입니다. 하나님의 일을 막을 수 있는 사람은 없습니다. 결국 나의 마음과 믿음이 그 일의 중심에 있음을 발견합니다. 끝까지 포기하거나 지치지 않고 승리하는 삶이 되기를 소망합니다.

말씀의 가지

도말하다(느 4:5)

칠하여 지워 없애거나 위에 덮어서 가리는 것이다. 성경에서는 완전히 없애버린다는 의미로 쓰였다(골 2:14). (생략) 금송아지 사건으로 인해 노하신 하나님은 이스라엘 백성을 목이 곧은 백성이라고 하시며 그 이름을 천하에서 도말하겠다고 하셨지만(신 9:14) 모세의 중보기도로 그 뜻을 돌이키셨다(신 9:25-10:11). 시편 기자는 하나님께서 악인을 멸하셔서 그들의 이름을 도말하시는 분이라고 말하였다(시 9:5).

(C3TV 온라인 성경 bible.c3tv.com)

말씀의 꽃 · 나만의 일독 큐티

더 생각해 보기

1. 하나님께서 예루살렘을 향한 계획을 마음에 주셨을 때 왜 느헤미야는 아무에게도 말하지 않았을까?(12절)
2. 믿음과 기다림에는 어떤 관계가 있을까?(15-16절)
3. 계획과 실행, 그리고 기도 사이에는 어떤 관계가 있을까?
4. 비방자들과 대적자들이 나타난다는 것은 어떤 의미일까?(19절)
5. 믿음의 자녀들이 대적에게 가져야 할 올바른 태도는?(20절)

마음의 태도

일독 성경 느헤미야 5장 1-13절(느헤미야 5-7장 中)

말씀의 씨앗

씨앗말씀 · 오늘 내게 심어진 한 절 말씀

성벽을 재건하며 힘겨운 시간을 보내고 있습니다. 재건하는 일만 해도 힘겨운데 적들이 늘 위협하며 공격합니다. 한 손에는 창을 들고 한 손으로는 돌을 나르며 최선을 다해 사명을 감당합니다. 그 와중에 또 흉년이 들어 먹을 것이 없습니다. 부자들이 비축한 식량을 사기 위하여 밭을 팔고 자녀를 종으로 팝니다. 입에서 탄식과 원망의 소리가 나오기 시작합니다. 이를 들은 느헤미야는 분노하였습니다. 유다의 부자들을 모아 이야기합니다. "당신들이 이 상황에 이익을 취하는 것이 옳지 않습니다."
이제 당신들이 취한바 곡식이나 새 포도주의 백분의 일을 돌려보내라고 합니다. 이것이 느헤미야의 지혜입니다. 반도 아니고 십분의 일도 아닌 자신이 취한 것의 백분의 일입니다. 이것은 양으로써도 이야기한 것이지만 중요한 것은 마음의 태도를 바꾸라는 이야기입니다. 어려움 속에서 가난한 자들에게 이득을 취하려 하지 말고 채우려 하지 말고 나누고 베풀라는 것입니다. 부자들은 이에 마음이 찔려 동의를 합니다. 그리고 제사장이 증인이 되어 이 일을 행합니다.

마음의 태도가 삶을 움직입니다. 내 것을 채우는 것에 행복이 있지 않습니다.
예수님께서는 십자가에 자신의 생명까지도 아낌없이 주심으로 그 모든 것이 하나님의 손에 있음을 보여 주셨습니다. 그리고 모든 인류에게 가장 소중한 구원의 기쁨을 주셨습니다. 진정한 사랑은 마음에 있습니다. 진정한 지혜는 베푸는 것입니다.
오늘도 마음의 사랑과 지혜로 승리하는 하루가 되기를 소망합니다.

말씀의 가지

옛날에는 주조 화폐가 없었고, 귀금속의 무게를 따라 값을 치렀다. 일정한 형태와 일정한 값을 지닌 금속조각이 일찍부터 쓰이기는 했지만, 사람들은 장사할 때 주머니에 추와 함께 넣어다니던 저울로써 금속의 무게를 달아서 주곤 했다(렘 32:10). 구약성경에서는 주조 화폐로 바사의 다릭과 헬라의 드라크마가 나온다. 화폐 가치란 문화 및 통화에 따라 다르므로 그것을 오늘의 화폐 가치로 바꾸어 말할 수는 없다.

(대한성서공회 www.bskorea.or.kr)

*마네: 히브리말로는 단위 표시가 없고 '은'으로 되어 있다. 더러 그 단위가 세겔일 것으로 보이기도 한다. 은 한 달란트와 은 한 마네와 은 한 세겔의 비율은 3000:50:1이다.

말씀의 꽃 · 나만의 일독 큐티

말씀의 열매 · 기도 제목

여호와를 기뻐하는 힘

일독 성경 느헤미야 8장 1–12절(느헤미야 8–10장 中)

씨앗말씀 · 오늘 내게 심어진 한 절 말씀

성전 완공이 52일 만에 끝이 납니다. 한 손에는 돌을 한 손에는 창을 들고 외부의 침략을 막으면서 힘겹게 모든 역사를 끝냅니다.
하나님이 행하셨기 때문에 가능한 일입니다. 이제 모두 모아 그 기쁨을 누리는 그날 느헤미야는 더 이상 자신이 서 있지 않았습니다. 학사 에스라를 불러 하나님의 말씀을 선포하게 합니다. 자신이 한 일을 자랑하고 권세를 나타낼 수 있는 그 자리에 하나님의 말씀을 두어 하나님이 행하셨음을 알게 합니다.

믿음의 리더는 바로 이런 사람입니다. 성공의 자리에서 하나님을 인정해 드리는 믿음을 가진 사람입니다. 백성들이 그 말씀을 들을 때에 눈물을 흘립니다. 그때 느헤미야가 말합니다.

"이제 울지 마라. 이제 근심하지 마라. 오늘은 거룩한 날이다.
여호와를 기뻐하는 것이 너희의 힘이니라."

모든 삶의 순간순간 마다 감사가 능력입니다. 감사하는 사람만이 기뻐할 수 있습니다. 하나님께 어떠한 상황과 형편 속에서도 감사하는 사람은 지치지 않고 포기하지 않고 기뻐할 수 있습니다. 느헤미야의 선포는 자신의 탑을 쌓고 있는 이 세대에게 주시는 축복입니다. 아무리 물질이 많고 명예를 가졌더라도 가질 수 없는 것이 영혼의 기쁨이기 때문입니다. 하나님 안에서 진정한 기쁨을 누리는 삶이 되기를 소망합니다.

학사 겸 제사장인 에스라의 지도 아래 성경 중심의 부흥 운동이 일어났다. 온 백성이 광장에 모여 에스라가 율법을 낭송하는 소리에 귀를 기울였다. 뿐만 아니라, 에스라 휘하의 중간 지도자들은 백성들이 율법의 의미를 분명하게 깨달을 수 있도록 해석해 주고 가르쳐 주었다. 율법을 깨달은 백성들 사이에서 진정한 회개가 일어나고 참 기쁨이 흘러 넘쳤다(느헤미야 8:1-12).

(디럭스 성경 구절학습 www.ebpse.mireene.com)

말씀의 꽃 · 나만의 일독 큐티

나를 기억하옵소서

일독 성경 느헤미야 13장 1–14절(느헤미야 11–13장 中)

씨앗말씀 · 오늘 내게 심어진 한 절 말씀

느헤미야는 하나님의 책을 낭독하게 합니다. 성벽의 봉헌식에서 중요한 것이 무엇인지를 알고 행합니다. 바로 하나님이 모든 일을 하셨다는 고백입니다. 그것은 말씀을 읽음으로 증거됩니다. 말씀을 읽는 것은 행함으로 의미가 있습니다. 말씀에 모압과 암몬에 대한 기준이 나오자 바로 모압과 암몬을 모두 회중에서 제하여 버립니다. 우상을 섬기고 시간이 가면 변하는 것을 알았기에 단호하게 잘라 버립니다. 느헤미야가 잠시 왕의 부름으로 돌아가는 시간이 생깁니다. 그때 지금까지 밖에서 공격하던 도비야가 대제사장 엘리아십과의 관계를 이용하여 아예 성물을 넣어두던 곳에 들어와 살게 됩니다. 엘리아십의 증손자가 산발랏의 딸과 결혼하면서 생긴 관계가 결국 거룩한 전에 사사로운 관계로 큰 악을 행하게 됩니다. 느헤미야가 돌아와 보고 근심하며 이를 밖으로 던져 버립니다. 하나님의 거룩한 처소에 들여서는 안 되는 어둠 또한 제하여 버립니다. 우리의 인생 밖에서 이루어지던 악한 영향력이 이제는 심령 속으로 들어올 때 우리는 성전된 우리의 삶을 온전히 정화해야 할 이유가 있습니다. 도비야와 같은 존재는 밖에서 괴롭히다가 완성되면 오히려 틈을 타고 안으로 들어오기 때문입니다. 내가 됐다고 하는 그 지점부터 다시 점검이 필요합니다. 그리고 예루살렘에 레위 사람들이 성전의 일을 놓고 농장에서 일을 하는 소식을 듣게 됩니다. 이유는 레위 사람들을 성전에서 일하도록 예루살렘으로 다시 불러놓고 십일조와 헌금을 하지 않아 성전이 제대로 운영되지 않았기 때문입니다. 도비야도 바로 그 십일조와 헌물을 넣는 곳이 비어 있었기 때문에 엘리아십이 그 공간을 쉽게 줄 수 있었습니다. 하나님께 온전히 드리고 섬기지 않으면 결국은 그 공간에 악이 들어오고 거룩함을 지키는 힘이 약해집니다. 느헤미야를 통하여 성전의 건축으로 끝난 것이 아니라 모든 내부적인 운영에 관해서도 완성해 가는 것을 보게 됩니다. 우리의 인생에 완성은 마지막까지 마무리를 잘하는 것입니다. 느헤미야에게 임하신 지혜와 인내와 능력이 우리 가운데도 나타나기를 기도합니다.

말씀의 가지

도비야

도비야는 느헤미야와 이스라엘 사람들이 성전을 건축할 때 방해하는 일에 산발랏과 합세한 유대 암몬의 방백이다. 느헤미야가 예루살렘에 없는 동안 도비야는 과거 창고로 사용한 성전 지역의 한 방을 사용하였다. 그는 예루살렘에 있는 제사직들 및 귀인들과 긴밀한 인척 관계를 맺었다. 느헤미야가 총독의 재임을 마치고 페르시아에 다녀왔을 때 도비야의 물건을 내팽개치고 그 방을 정결하게 하여 깨끗이 한 후, 다시 기물, 향유, 그리고 소제에 드리는 제물 창고로 사용했었다(느 13:6-9). 대부분의 성경학자들은 그가 3세기 팔레스틴에서 유대 대제사장 직책을 가진 오니아스 집의 경쟁자가 되었던 도비야 집의 조상으로 본다.

(위키백과, "도비야" ko.wikipedia.org)

말씀의 꽃 · 나만의 일독 큐티

말씀의 열매 · 기도 제목

다른 것을 구하지 아니하니라

일독 성경 에스더 2장 15–23절(에스더 1–5장 中)

씨앗말씀 · 오늘 내게 심어진 한 절 말씀

와스디 왕비가 왕의 부탁을 거절합니다. 이에 화가 난 왕은 왕비를 폐하고 다시 왕비를 구하게 됩니다. 에스더도 삼촌 모르드개의 권유로 참가합니다. 그러나 유대인 임을 이야기하지 말라는 말대로 밝히지 않고 참여합니다.

왕에게 가기까지 오랜 시간을 준비시키고 나아갑니다. 이런 저런 모든 것을 동원해서 많은 여인들 중에서 간택이 되야 합니다. 그러나 에스더는 공식적으로 허락된 것 외에는 어떤 것도 취하지 않았습니다. 있는 그대로 준비하였습니다. 그러나 결국 왕의 마음이 에스더에게 쓰이게 되고 왕비로 뽑히게 됩니다. 왕비가 된 다음에도 한결같이 삼촌 모르드개의 이야기를 기억하고 지킵니다. 에스더는 변하지 않는 믿음과 태도로 왕비의 역할을 감당합니다.

하루는 모르드개가 왕에 대한 반란의 소식을 듣게 됩니다. 그리고 왕비가 된 에스더를 통해 전달하여 왕이 위험을 모면합니다. 이 일을 궁중일기에 기록할 때에 에스더는 자기가 한 것처럼 하지 않았습니다. 모르드개의 이름으로 된 것을 정확하게 알립니다. 이 일은 후에 한 민족이 구원을 받는 일의 일부분이 됩니다. 한결같은 마음과 믿음 그리고 도전과 정직을 통해 하나님이 역사하십니다.

오늘 하루도 끝까지 승리하는 하루가 되기를 소망합니다.

아하수에로 [Ahasuerus, Xerxes]

'위대한 사람', '힘센 자'란 뜻. 헬라식 명칭으로 '크세르크세스'(Xerxes Ⅰ)라고 부른다(에 1:1). 그는 정복 왕 다리오 1세(다리오 히스타스페스)의 뒤를 이어 인도에서부터 에티오피아까지 127도의 광활한 바사 제국을 통치했던 인물이다(B.C. 486-464년). 성경에서는 왕후 와스디를 폐위시키고 유다 출신 에스더를 왕비로 맞았던 자로(에 1:17), 에스더를 통해 유다인을 말살시키려는 하만의 음모를 파악하고 하만과 그 일족(아말렉)을 멸하였다(에 8:1-9:16). 한편, 그는 살라미스 해전(B.C. 480년)과 플라티아 전투(B.C. 479년)에서 헬라 군에게 연패하고 귀국한 후 방탕한 생활을 하다가 마침내 암살되고 만다.

(네이버 지식백과 http://terms.naver.com)

말씀의 꽃 · 나만의 일독 큐티

말씀의 열매 · 기도 제목

빠짐이 없이 하라

일독 성경 에스더 6장 1-14절(에스더 6-10장 中)

씨앗말씀 · 오늘 내게 심어진 한 절 말씀

하만 장군은 모르드개를 죽이기 위하여 단두대를 만듭니다. 그리고 유다 민족의 말살시킬 계획을 가지고 있습니다. 하루는 왕이 잠이 오지 않았습니다. 그래서 궁중일기를 가져와 읽는데 거기서 모르드개가 왕을 죽이려는 음모를 알려 위험을 피한 일을 보았습니다. 상을 내렸는지를 알아보니 아무런 댓가가 없었습니다. 마침 하만은 모르드개를 죽이려는 계획으로 왕을 찾아왔습니다. 왕은 하만에게 묻습니다. "내가 존귀하게 하기를 원하는 사람에게 무엇을 해 주면 좋겠는가?" 하만은 마음에 생각합니다. '나 외에 왕의 존귀를 받을 자가 누구인가?'
"그에게 왕의 옷과 왕관을 씌우고 왕의 말을 타고 가장 총망받는 자가 끌게 하소서."
"그래. 그럼 그 모든 일을 모르드개를 위하여 빠짐이 없이 하라."
하만은 자신이 받으려고 이야기하였지만 오히려 자신이 죽이려던 모르드개를 위하여 행하게 됩니다. 거리를 다니며 왕의 옷과 왕관과 말을 탄 모르드개를 위해 존귀한 자라고 말합니다. 모르드개의 계획은 아무것도 없었습니다. 왕이 잠이 오지 않은 것도, 그때 하만이 들어온 것도, 죽이려던 하만이 오히려 모르드개의 존귀함을 드러낸 것도 모르드개가 한 것은 아무것도 없습니다. 이것이 사람의 계획이 아닌 하나님의 섭리입니다. 내가 하는 것이 아니라 하나님이 인도하시는 것입니다. 하만이 분하여 돌아와 아내와 친구들에게 이야기하였으나 그가 죽이려 한 유다가 오히려 자신을 넘어뜨릴 것을 듣게 됩니다. 결국 하만은 모르드개를 죽이려던 단두대에 자신이 달려 죽게 됩니다. 악을 심은 자리에 악의 열매가 열립니다. 이는 결국 선을 심은 자리에 선한 열매가 열리는 것을 말합니다. 예수님께서 십자가의 사랑을 심으셨기 때문에 우리 모두는 구원의 기쁨을 가지게 되었습니다. 선한 계획과 생각으로 승리하는 하루가 되기를 소망합니다.

말씀의 가지

모르드개

모르드개는 바사왕 고레스 시대 예루살렘에 귀환하지 않은 포로민 유대 자손이다. 당시 그는 페르시아의 수도에 있는 왕궁에서 자신이 유대인이라는 신분을 숨기고 아하수에로 왕의 문지기로 있었다. 당시 페르시아 왕 다음 가는 지위에 하만이 있었다. 그는 아각 사람으로, 삼상 15:8에 아각은 아말렉의 왕이며 사무엘의 칼에 찍혀 죽었다 기록되어 있다. 하만은 바로 이 아각 사람이란 설이 있다. 또한 아말렉은 유대인과는 모세 시대부터 숙적이 되어 내려오고 있다. 왕은 신하들에게 명하여 하만에게 무릎을 꿇고 엎드리라고 하였다. 그러나 모르드개는 거절했다. 이유는 하만이 유대의 숙적인 아말렉 사람이라는 인종적 편견 때문이 아니라, '무릎을 꿇고 엎드리라'는 것은 '엎드려 경배한다'는 뜻이었기 때문이다.

(신상훈, 성경의 즐거움(스타북스 2006), p.214)

말씀의 꽃 · 나만의 일독 큐티

말씀의 열매 · 기도 제목

하나님의 불

일독 성경 욥기 1장 13–22절(욥기 1–3장 中)

씨앗말씀 · 오늘 내게 심어진 한 절 말씀

사탄이 땅을 두루 돌아다니며 넘어뜨릴 곳을 찾아다닙니다. 하나님께서 사탄에게 욥에 대한 부분을 묻자 욥은 물질과 자녀 모두 축복받았으니 그것을 빼앗으면 분명히 하나님을 원망할 것을 말합니다. 하나님은 욥에 대한 믿음이 있었습니다. 생명 외에 무엇도 다 네게 붙인다. 하나님의 허락에 사탄은 욥에게 폭풍 같은 시험을 내립니다. 소와 나귀를 빼앗고 종을 죽이기가 무섭게 또한 불이 내려 양과 종들을 살라버렸습니다. 욥은 결국 가진 재산을 모두 빼앗기고 불타고 결국 자녀까지 모두 죽고 맙니다. 그곳에서 욥의 태도는 모두의 관심이었습니다.
욥은 옷을 찢고 머리를 밀어버렸습니다. 그리고 땅에 엎드렸습니다. 너무나 슬펐기 때문에 참아낼 수 없었습니다. 그러나 마지막에는 경배하였습니다.

"그 불은 하나님의 저주가 아니다.
이 모든 일은 하나님이 나를 버리신 것이 아니다.
주신 분도 하나님이시니 거두실 권리도 모두 하나님께 있다."

하나님만이 찬송을 받기에 합당한 분이십니다. 욥은 믿음의 고백으로 하나님을 원망하는 어리석음을 피하였습니다. 우리가 어렵고 힘겨운 상황에 처해 있을 때 하나님을 향한 내 중심이 진정한 믿음의 증거입니다. 풍족한 가운데 감사하는 것은 쉽습니다. 그러나 진정한 믿음은 시험 가운데 드러납니다.
오늘도 믿음으로 승리하기를 소망합니다.

말씀의 가지

욥기 [Job]

문학 양식상 시가서에 해당하는 본서는 '어찌하여 의로운 자가 고난을 당하는가? 어찌하여 악인이 형통한가? 과연 하나님은 의로우신가?' 하는 신정론(Theodicy)적 문제에 대한 해답을 제시해 준다. 족장 시대로 추정되는 때에 동방의 의로운 부자 욥에게 닥친 고난, 욥을 위로하기 위해 찾아온 세 친구와 욥의 세 차례 변론, 엘리후의 중재, 하나님의 계시를 통한 문제 해결의 순으로 이어지는 본서는 고대 세계의 보편적 세계관인 인과응보의 법칙을 초월하여 하나님의 섭리는 오묘하며 절대적으로 선하다는 사실을 보여 줄 뿐만 아니라 하나님은 절대 주권자이시기 때문에 인간은 오직 그분 앞에 감사와 찬양을 돌릴 뿐이라는 사실을 분명하게 교훈한다.

(라이프성경사전(생명의 말씀사 2006), 욥기)

말씀의 꽃 · 나만의 일독 큐티

말씀의 열매 · 기도 제목

진리와 사람

일독 성경 욥기 4장 1-21절(욥기 4-7장 中)

씨앗말씀 · 오늘 내게 심어진 한 절 말씀

욥은 재산과 가족을 잃고 이제는 모든 건강까지도 잃었습니다. 그럼에도 하나님을 원망하지 않았습니다. 친구 엘리바스가 찾아와 이야기를 시작합니다.

"네가 사람들을 위로하고 권면하고 도와주었었지 않냐? 그것은 네가 의롭게 살았기 때문에 하나님이 복 주신 것 아니냐? 이제 네가 당하는 고난에 아마 답답할 것이다. 죄가 없이 고난 당하는 사람이 없지 않냐?" 엘리바스는 자신의 경험과 지식으로 욥에게 권면합니다. 그러나 이 권면은 욥에게 위로나 깨달음이 아니라 괴로움을 더합니다. 엘리바스는 영적인 체험을 이야기합니다. 그리고 그 가운데 하나님의 음성을 이야기합니다. 하나님보다 의로운 자가 없고 하나님 없이 성결할 수 없음을 들었다고 말합니다.

우리가 저지르는 가장 큰 실수는 나의 경험을 모두에게 적용한다는 것입니다. 내게 주신 은혜는 나를 위하여 하나님이 알게 하신 것입니다. 하나님을 겸손히 섬기며 나아가는 것을 위해 하신 말씀이지 욥을 책망하기 위한 것이 아닙니다. 우리는 남을 판단하는 잣대를 세움에 있어 나의 경험을 이야기합니다. 판단의 잣대가 아니라 우리에게 필요한 것은 그를 위한 기도입니다. 하나님이 주신 것을 전하지 않으면 전혀 다르게 괴로움만 더할 뿐입니다. 이것은 욥이 죄를 지었기 때문에 당하는 고난이 아닌데 그렇게 해석하고 욥을 판단하는 엘리바스의 이야기를 보며 다시 한 번 내가 누군가를 판단하는가, 아니면 내 자신을 돌아보는가? 깊이 기도하는 시간이 되기를 바랍니다. 하나님이 주신 분별력 없이는 한 가지도 스스로 생각할 수 없습니다. 오늘도 하나님이 주신 힘으로 승리하는 하루가 되기를 소망합니다.

욥기서의 기록 시기

시대적 배경은 아브라함이나 이삭, 야곱 등의 활동 시기와 비슷한 족장 시대로 추정한다. 이런 맥락에서 본서 기록 연대를 족장 시대 직후로 보는 견해가 있다(B.C. 2,000-1,800년경). 이와는 달리 본서 기록 연대를 훨씬 후대로 보는 경우도 있다. 즉, 출애굽 직후인 모세 시대로 보는 견해(B.C. 1400년경)가 있는가 하면, 지혜 문학이 최고조에 달했던 솔로몬 시대로 보는 견해도 있다(B.C. 950년경). 한편, 자유주의적 성향을 가진 일부 학자들은 바벨론 포로 이후로, 심지어 B.C. 1세기경으로 보는 극단적 견해도 있다.

(네이버 백과사전 http://terms.naver.com, 욥기서의 기록 시기)

말씀의 꽃 · 나만의 일독 큐티

더 생각해 보기

1. 엘리바스의 첫 번째 말에서, 그가 과거에 욥을 어떻게 바라봤었는지, 어떤 감정을 가지고 그를 지켜봤었는지 생각해 보자(1-4절).
2. 욥의 세 친구가 욥에게 처음 느꼈던 감정은 무엇인가?(2:12-13)
3. 엘리바스가 펼치는 논지는 무엇인가?(7-8절)
4. 결국 엘리바스가 욥에게 주는 충고는 무엇인가?
5. 요한복음 8장 1-11절을 함께 묵상하며 엘리바스의 태도와 과거의 나의 모습을 함께 비교해 보자.

더한 괴로움 속의 그리스도인

일독 성경 욥기 8장 1-22절(욥기 8-10장 中)

씨앗말씀 · 오늘 내게 심어진 한 절 말씀

재산과 자녀와 건강을 모두 잃은 욥에게 엘리바스는 죄없이 고난 당하는 자가 없다고 하였습니다. 욥은 이에 대하여 번민하고 근심하였으나 자신이 당하는 고난이 자신의 죄 때문이 아니라고 말합니다. 이에 대하여 다시 빌닷이 말합니다. "하나님이 어찌 심판을 굽게 하시겠느냐? 전능하신 하나님은 공의로운 분이시다." 위로하러 왔던 빌닷은 오히려 책망을 합니다. 지금부터라도 부지런히 회복하라는 것입니다. "네 시작은 미약하였으나 네 나중은 창대하리라."

아무리 하나님께 받은 말씀이고 좋은 말이라도 시기에 맞지 않았습니다. 만약 욥의 농장을 개업하는 날 이 말을 하였다면 좋았을 것입니다. 그러나 이 말이 잘못된 말은 아닙니다. 개업식에서 이 말씀을 사용하거나 적어 놓은 것은 축복입니다.

결국 우리가 말씀을 내 뜻대로 사용하느냐 아니면 하나님의 마음을 분별하여 사용하느냐의 문제입니다. 빌닷은 옳은 말이지만 시기에 맞지 않게 오히려 자신의 훈계와 의를 위하여 사용하였습니다. 위선을 행하지 말라는 의미로 계속 욥을 훈계하고 결국 뽑힌 풀은 흙도 기억하지 않고 다른 풀이 남을 이야기하여 욥이 아무리 이야기 하여도 아무 소용이 없음을 말합니다. 욥은 억울한 상황입니다. 사탄이 주는 고난과 근심은 어찌 보면 욥에게는 믿음의 시련입니다. 어찌 보면 가장 큰 시련은 재산도 자녀도 건강도 아닌 억울한 자신의 심정입니다. 사람이 가장 일어나기 힘든 것은 마음이 무너져 내려갈 때입니다. 그럼에도 다시 마음을 강건히 하여 하나님을 바라보는 것 그것이 진정한 믿음이고 인내이며 하나님을 사랑하는 것입니다. 예수 그리스도께서 십자가에서 부르짖을 때에도 하나님은 침묵하셨습니다.

끝까지 사랑하셨고 부활의 승리로 말미암아 우리에게 구원을 주셨습니다. 그리고 그 사랑을 멈추지 않으셨습니다. 오늘도 진정한 믿음으로 승리하는 삶이 되기를 소망합니다.

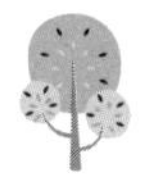

말씀의 가지

욥기 8장에서 욥의 친구 발닷은 '하나님이 어찌 심판을 굽게 하시겠으며 전능하신 이가 어찌 공의를 굽게 하시겠는가'라며 하나님(God)과 전능자(the Almighty)를 거론하고 있지만 에돔 족속으로서 이스라엘의 전능하신 여호와 하나님을 말하는 것이 아니라 그가 상상으로 알고 있는 또는 인간적인 지식으로 알고 있는 통칭적인 하나님을 말하고 있을 뿐이다. 근본적으로 에돔 족속에게 이스라엘의 여호와 하나님은 구체적으로 알려지지 않은 분이기 때문이다.

(백남영, 내가 찾은 성경(아름다운사람들, 2010), p.288)

말씀의 꽃 · 나만의 일독 큐티

말씀의 열매 · 기도 제목

너만 사람이구나

일독 성경 욥기 12장 1–12절(욥기 11–14장 中)

씨앗말씀 · 오늘 내게 심어진 한 절 말씀

친구들이 와서 위로는 못 해줄지언정 자꾸 아픈 소리만 하고 권면한다고 하면서 비난을 합니다. 욥은 이렇게 이야기합니다. "너희만 사람이구나. 너희가 죽으면 지혜도 죽겠구나." 욥의 심정을 몰라도 너무 몰라준다는 것입니다. 인정도 없고 사랑도 없고 판단만이 있다는 것입니다. 그 판단이 정말로 옳은 것인가 한 번만 생각하라는 것입니다. 그러나 친구들은 끝까지 그 태도를 바꾸지 않습니다.

이것은 욥을 더 깊은 상처로 몰고 갑니다. 그러나 상처가 깊을수록 깨달음도 더 깊어지고 하나님을 더 깊이 알게 됩니다. 욥은 괴로움에 지쳐 의인은 망하고 악인은 흥함을 이야기하며 자신의 삶의 결과가 왜 이런가에 대하여 끊임없이 갈등합니다. 이것은 욥의 힘으로 해결할 수 있는 문제가 아니었습니다. 왜냐면 문제의 근원이 욥의 인생 밖에 있기 때문입니다.

사탄의 제안으로 이루어진 일이기 때문입니다. 하나님이 허락하셨지만 아직 개입하지 않고 계시기 때문입니다. 욥의 측면에서 보았을 때에 이것이 바로 애매하게 당하는 고난입니다. 고난의 이유가 설명이 되지 않습니다.

이럴 때 우리는 어떻게 해야 합니까? 욥의 모습을 보면서 안타까워하는 우리도 수없이 많이 이러한 순간에 들어갑니다. 특별히 믿음을 더 견고히 지켜나가려고 결심한 날이면 더욱 그렇습니다. 그것은 우리의 생각과 계획으로 해결할 수 있는 영역이 아닙니다. 하나님을 신뢰하는 믿음의 눈으로만 알 수 있습니다.

당대의 가장 의인이라 인정받는 욥도 견뎌나가면서 심하게 근심하고 갈등하는 모습을 보게 됩니다. 또한 그럼에도 결국에는 승리하게 하시는 하나님을 보게 됩니다.

시련의 원인이 안에 있든 밖에 있든 그 시련은 이기라고 주신 과정입니다. 이길만한 것이기에 우리에게 허락된 것입니다. 믿음이 클수록 그 시련도 큽니다. 그러나 끝까지 변함 없으신 하나님을 바라보며 쓰러지거나 포기하지 않고 승리하는 우리의 삶이 되기를 소망합니다.

말씀의 가지

나아만 사람 소발은 혈통으로는 야곱의 열두 아들 중의 하나인 베냐민의 후손이지만 일찍이 에돔 땅으로 이주함으로써 현지 에돔 사람과 같이 되었다고 했다. 따라서 그 역시 입으로는 하나님을 찾고 있지만 그 하나님은 여호와 하나님이 아닌 일반적인 하나님을 지칭하고 있을 뿐이며 그러면서도 마치 자기가 경험한 여호와 하나님을 대변하는 것 같은 오해를 불러올 수 있다(욥 11장). 욥이 이에 입을 열어 반박한다(욥 12장).

(백남영, 내가 찾은 성경(아름다운사람들, 2010), p.290)

말씀의 꽃 · 나만의 일독 큐티

말씀의 열매 · 기도 제목

5월

13 번뇌하게 하는 안위자

일독 성경 욥기 16장 1-17절(욥기 15-17장 中)

씨앗말씀 • 오늘 내게 심어진 한 절 말씀

욥을 위로하러 온 친구들에게 욥은 이렇게 말합니다. "너희는 나를 번뇌하게 하는 안위자로구나." 이것은 그들의 말이 전혀 위로가 되지 않는다는 의미입니다. 오히려 더 근심하게 하고 번뇌하게 한다는 것입니다. 위로하러 온 사람이 더 아프게 합니다.
우리는 누군가를 사랑한다는 이유로 더 아프게 하는 경우는 없습니까? 내가 누군가의 번뇌하게 하는 안위자가 되지는 않는지 살펴볼 필요가 있습니다. 그리고 세상은 이렇게 우리로 근심하게 하는 말로 다가옵니다. 선한 뜻이라고 사랑한다고 이야기하면서 결국은 아프게 상처를 냅니다.

그럼에도 불구하고 우리는 지켜야 할 것이 있습니다. 바로 하나님은 한 번도 우리를 버리지 않으신다는 약속입니다. 욥은 심한 갈등을 느낍니다. '내가 죄인이란 말인가? 하나님은 나를 버리셨다는 말인가? 그러나 나의 손에는 포학이 없고 나의 기도는 정결하다.' 욥에게 믿음은 바로 어떠한 고난 속에서도 하나님은 나를 사랑하시며 나는 끝까지 정결하겠노라는 결단입니다.

진정한 인내는 견딜만한 것을 견디는 것이 아니라 견딜 수 없는 고난 속에서 감사하는 것입니다. 끝까지 자신의 믿음을 지켜내는 것입니다.
그렇게 모든 고난 속에서도 승리하는 삶이 되기를 소망합니다.

말씀의 가지

엘리바스라는 사람은 그 이름의 본의가 집행관이다. 그런데 그는 족보 없는 사람이다. 동양에서 4-5000년 전의 기록을 보면 족보 있는 사람과 없는 사람이 있다. 완전히 다르다. 족보가 없는 경우에 조상의 직업에서 이름을 가져왔다. (생략) 엘리바스는 인과론을 두고 원인이 있어야 벌을 받는다는 것을 전제한다. 그래서 욥이 벌 받고 있는데, 원인이 어디에 있느냐를 찾아봐야 한다고 했다. '네 죄가 어디 있느냐? 너의 죄가 있기 때문에 이렇게 벌을 받는 것이다.' 그래서 죄를 찾아서 회개해야 되지 않겠냐는 것이다.

(한태동, 성서로 본 신학(연세대학교출판부 2005), p.216)

말씀의 꽃 · 나만의 일독 큐티

말씀의 열매 · 기도 제목

판이하게 다른 가치

일독 성경 욥기 21장 1-16절(욥기 18-21장 中)

씨앗말씀 • 오늘 내게 심어진 한 절 말씀

친구들의 계속적인 비판에 몸도 마음도 지쳐버린 욥이 간곡하게 부탁합니다.

"내 말을 자세히 듣고 말해라. 너무 답답하고 두렵기만 하구나.
악인의 형통함이 세상에서는 즐겁지만,
그들은 손을 대는 것마다 형통한 것 같지만,
늘 가축들도 새끼를 배고 낙태도 없이 낳지만,
수금을 타고 춤을 추는 것 같지만,
부지 중에 임하는 죽음을 당하면 결국 음부에 내려갈 것이다.
아무리 지옥에 가도 하나님이 행하신 일을 알지 못하고
떠나시라고 나는 다시 즐거움을 간구하노라고 말하게 될 것이다."

욥은 괴로움 속에서도 하나님이 행하신 일을 잊는 것이 심판임을 이야기합니다. 세상의 가치관이 너무도 뿌리 깊이 박히면 결국 심판 속에서도 그것을 알지 못하고, 하나님을 온전히 바라보는 자에게는 욥과 같은 고난 속에서도 진정한 생명이 무엇인지를 알고 고백하게 됩니다. 그러나 인간의 연약함은 그것을 알기까지 그리고 알면서도 또 고민하게 됩니다. 욥은 그럼에도 끝까지 지켜내려고 노력하고 있는 모습을 보게 됩니다. '악인과 나는 다르다.' 나는 모든 것에 하나님을 인정한다는 믿음의 결단과 표현입니다. 우리에게 필요한 것은 무엇입니까? 그것은 바로 믿음의 시련 속에 인내입니다. 욥과 같이 비록 힘에 겹고 어렵더라도 끝까지 인내하여 승리하는 삶이 되기를 소망합니다.

말씀의 가지

상담하는 것이 그 사람에게 도움은 되지 못하고 오히려 마음만 더 상하게 할 수 있다. 욥의 세 친구가 그러한 경우인데, 그렇다면 그들은 욥을 사랑하지 않은 것인가? 아니다. 그들은 멀리서 찾아왔고, 욥의 참상을 보고 비통해하며 칠 일 동안 옆에 앉아 있었다. 그런데 왜 그들은 실패했을까? 첫째, 그들은 인과응보만을 철칙으로 생각했다. 둘째는 그들의 태도였다. "우리들은 너보다는 의롭다"고 생각하고 있으며, 그 이유는 "우리는 너 같은 재앙을 당하지 않았기" 때문인 것이다. 이것은 우리가 상담할 때에 가장 빠지기 쉬운 함정이다.

(황규명, 성경적 상담의 원리와 방법(바이블리더스 2008), pp.27–28)

말씀의 꽃 · 나만의 일독 큐티

말씀의 열매 · 기도 제목

선악의 판단

일독 성경 욥기 22장 1-23절(욥기 22-24장 中)

씨앗말씀 · 오늘 내게 심어진 한 절 말씀

엘리바스가 욥에게 세 번째 충고를 시작합니다. 아픈 사람을 붙잡고 이쯤에선 멈출만한데 계속 반복하여 욥에게 이야기합니다. "네가 의로운들 그것이 하나님과 무슨 상관이 있는가?" 네가 유익해도 하나님께는 아니라고 이야기합니다.
맞습니다. 하나님은 우리의 조건을 받으시는 분이 아닙니다. 우리가 많이 드리면 더 사랑하시는 분이 아니십니다. 우리의 중심을 보시고 품으시고 채우시는 분이십니다. 그러나 엘리바스의 충고는 자신의 기준으로 이야기하는 것입니다.
욥의 마음을 살피기보다는 자신의 생각에 옳은 말을 합니다. "네가 아마 이렇게 망한 걸 보니 너는 죄가 크구나. 불쌍한 사람들을 무고히 당하게 하고 여지껏 몰랐는데 아주 잔혹하게 살았구나." 엘리바스는 심한 선악의 양단 논리로 욥을 판단하고 있습니다.

우리의 인생에서 흑백 논리로 사람을 판단한다면 진짜를 놓치는 경우가 많습니다. 사람은 잔인해지기 쉽습니다. 우리의 고정관념이 아닌 하나님의 뜻을 분별해야 합니다. 예수님께서도 유대인들의 고정관념을 깨셨습니다. '율법만이 구원의 길이다'라고 믿는 그들에게 오직 구원의 길은 예수 그리스도임을 알게 하시며 율법의 정죄가 아닌 사랑의 능력으로 그 모든 것을 덮어 주셨습니다. 이제 우리가 싸울 것은 선악의 판단이 아니라 진정한 하나님의 뜻이 무엇인가 입니다.

말씀의 가지

엘리바스의 공박(22장) – 욥의 대답(23–24장)

엘리바스는 욥의 가상적 죄까지 추정하여 공박하며 회개를 촉구한다.

그러나 욥은 하나님을 만나 법정에서 자신의 순전을 변론하고 싶어하며, 고난이 하나님의 사람을 순금처럼 만드는 용광로라고 고백한다(23장).

욥은 악인들에게 임하는 저주에 대해 말한다. 욥기 해석의 어려움은 욥의 친구들의 말이 원칙론에서 보면 맞지만 욥에게는 적합하지 않다는 데 있다. 즉, 욥의 친구들의 말이 '옳은(right)' 말이긴 하지만 '진실이 아닌(not true)' 말이 될 수 있음을 보여 준다.

(신현주, 딱! 50일에 끝내는 성경통독(도서출판 넥서스 2009), pp.172–173)

말씀의 꽃 · 나만의 일독 큐티

말씀의 열매 · 기도 제목

5월

16

세미한 소리

일독 성경 욥기 26장 1-14절(욥기 25-28장 中)

씨앗말씀 · 오늘 내게 심어진 한 절 말씀

빌닷이 세 번째 충고를 합니다. 그러나 이 충고는 엘리바스가 한 것과 다르지 않았습니다. 욥은 답답하고 힘에 겨웠습니다. 그래서 대답합니다. "너는 정말로 나를 도우려 왔느냐? 기력이 없는 내게 아직도 가르치려 하느냐? 네가 전하는 것은 감동도 영감도 느껴지지 않는다." 욥은 계속되는 비난에 대한 대답으로 육신과 마음이 모두 지쳤습니다. 그러나 그 가운데 하나님이 주신 깨달음은 더욱 깊어집니다.

"바닷속 깊은 곳이라도 음부도 멸망의 웅덩이도 하나님 앞에서는 가리움이 없다.
온 우주에 지구가 떠 있는 것과 같이 모든 것을 주관하시고 만든 분이시다.
그는 물을 구름에 가두시고 그 구름을 찢지 않으시사
하나님이 허락하시기까지는 구름이 비를 내지 않는다."

욥의 고백은 온 하늘과 땅을 덮고 있는 하나님의 섭리와 권능을 나타냅니다. 우리의 인생은 하나님을 벗어나서는 살 수가 없습니다. 그러나 이것은 축복입니다. 산도 나무도 공기도 하늘도 그 어느것 하나 하나님 없이 된 것이 없습니다. 그 속에 있는 우리 자신도 하나님이 만드신 것입니다. 하나님이 허락하셨기 때문에 호흡하며 살아갑니다. 아무리 미천한 존재라도 하나님의 손이 없이는 살아갈 수 없습니다. 욥은 깨닫고 고백합니다. 사탄을 쳐서 이기시고 승리하시는 분이기 때문에 우리는 어떠한 시험이 와도 하나님을 의지함으로 이길 수 있습니다. 욥은 이 놀라운 깨달음의 끝에 이렇게 고백합니다. '이것은 하나님께서 보시기에 시작에 불과하다.' 우리는 감당할 수 없는 수많은 자연의 섭리와 깨달음의 끝이 하나님에겐 부분적인 것이지 전체가 아니라는 것입니다. 우리가 들은 것은 욥의 말대로 세미한 소리 뿐입니다. 그러나 그 세미한 소리도 우리는 감당하기 어려운 놀라운 일입니다. 오늘도 살아 역사하시며 우리를 주관하시는 하나님을 찬양합니다.

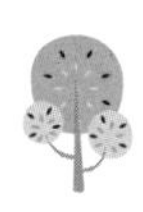

말씀의 가지

위증은 선서를 한 후 거짓을 말하는 것을 말한다. 많은 국가에서 범죄로 분류되며 한국에서는 형법 제152조에 따라 법률에 의하여 선서한 증인이 허위의 진술을 한 때에는 5년 이하의 징역 또는 1천 만원 이하의 벌금에 처한다고 되어 있다. 미국 클린턴 대통령의 르윈스키 스캔들에서 클린턴이 위증을 했다는 이유로 기소를 당하였다.

(위키백과 ko.wikipedia.org)

말씀의 꽃 · 나만의 일독 큐티

말씀의 열매 · 기도 제목

스스로 말하다

일독 성경 욥기 29장 18-30장 1절(욥기 29-32장 中)

씨앗말씀 · 오늘 내게 심어진 한 절 말씀

고난 가운데 욥은 지난날을 회상합니다. '얼마나 기쁘고 감사한 날들을 보냈는가?' 그러나 믿음으로 살아갔다고 생각했지만 다시 돌아보고 생각해 보니 스스로 말하기를,

"나는 오래 살고 선한 죽음을 맞이할 것이다 하였구나. 또 하는 일마다 잘될 것이라고 생각했구나. 또 내가 한마디만 하면 모두 다 힘을 얻고 어려운 사람들에게 말을 하면 내 말이 무색하지 않게 감동을 받고 받아들였구나. 그리고 힘겨워서 고민을 이야기하는 사람들에게 마치 왕처럼 내가 그들의 인생의 항로를 선택해 주고 있었구나."

이 모든 것을 스스로 하였다고 생각하였지만 그렇지 않다는 것을 깨닫기 시작합니다. "나는 당연히 하나님이 축복해 주셔야 되는 사람인줄 알았는데 이제는 내가 다루던 사람의 젊은 자식들도 나를 조롱하는구나."

사람은 스스로 결정하여 살아가는 것 같지만 하나님의 도움이 없이는 단 한가지도 할 수 없습니다. 그래서 가장 강한 존재이면서 또한 가장 연약한 존재입니다.
욥은 고난을 통하여 이것을 깨닫습니다. 고난은 우리를 깊어지게 합니다. 그리고 하나님을 알아가게 합니다. 원망도 불평도 다 소용이 없습니다. 그러나 다시 기도하며 하나님을 의지할 때 하나님이 열어주십니다. 욥의 고백처럼 세상의 것이 내 것이 아님을 깨닫고 다시 한 번 나를 점검하여 믿음으로 살아가기를 소망합니다.

말씀의 가지

실상 우리는 욥의 때를 살고 있다. 현대인들은 전통적으로 내려오던 신앙의 구도를 깨고 그것을 넘어서는 문제들을 가지고 고민한다. 구약성서의 욥기는 사람들이 그에게 말하는 모든 것이 진실이 아님을 한 인간에게 체험하게 한다. 욥의 친구들인 신학자들 전부가 욥에게 달려들어, 그렇게 주제넘게 처신해서는 안 된다고 말한다. 그러나 욥의 질문은 정당했다. (생략) 오히려 잘못된 것은 욥의 옆에서 지껄여대던 사람들이었다. 그들은 수세기에 걸쳐 하나님에 대해 전해 내려온 것을 그냥 말했을 뿐이다. 예언자들, 성자들, 제사장들, 전통, 그리고 권위 있는 전문가들에 의해 공증되었고, 지시된 내용들을 말했을 뿐이다. 그에 반해 욥은 하나님을 찾은 사람이었다.

(오이겐 드레버만, 우리 시대의 신앙(피피엔 2010), p.110)

말씀의 꽃 · 나만의 일독 큐티

더 생각해 보기

1. "기독교인이 올바른 길 위에 서 있지 않을 때 고통과 고난을 받는 거야. 회복되고 싶지? 죄를 회개하고 용서를 구해."
   위의 말에 동의하는가? 그렇지 않다면 이유는 무엇인가?
2. 이유를 모르는 고통 가운데 들어가 본 경험이 있는가?
3. "모든 상황 속에서 주를 찬양"한다는 말은 분명 "어렵고 힘든 상황"도 포함한다. 이해할 수 없을 지라도 믿음으로 순종했던 경험이 있는가?
4. 믿는다는 것과 이해한다는 것은 어떤 차이가 있을까?

끝은 지금이 아니다

일독 성경 욥기 34장 1-15절(욥기 33-37장 中)

씨앗말씀 · 오늘 내게 심어진 한 절 말씀

엘리후가 나이가 어려 지금까지 가만히 있다가 말을 시작하였습니다.

"세 분의 이야기를 듣고 욥의 이야기를 듣고 보니 제 생각은 여전히 욥 당신이 자신의 의견을 나타내는 것처럼 보입니다. '나는 의로우나 하나님이 악인으로 만드셨고 내가 정직하나 거짓말쟁이가 되었고 허물이 없으나 상처가 아물지 않는다'고 하였습니다. 그러나 당신이 어떻게 그렇게 이야기합니까? 사람은 자신은 옳다 하나 때로는 실수할 수 있고 정직하다 하나 거짓말하는 사람과 함께 일할 수 있습니다. 그때에도 나는 아니다라고 이야기하지만 결국 완전할 수 없습니다. 완전한 이는 하나님이십니다. 지금 악인이 형통하고 의인이 망하는 일에 대한 공평성을 이야기할 필요가 없으나 지금까지 그것만 이야기하였습니다."
하나님의 심판은 이 세상이 끝이 아닙니다. 하나님이 악에 반드시 보응하심을 알지만 지금 왜 흥하고 있나? 하나님이 주무시나 하면서 논쟁할 필요가 없다는 이야기입니다. 결국 심판의 때는 지금이 아니라 죽어서 하나님 앞에 설 때이기 때문입니다.
만일 하님이 그 신을 거두시면 이 땅의 모든 존재는 아무도 살아있을 수 없습니다.
욥은 하나님이 인정하시는 의인이었지만 결국 완전할 수는 없다는 말입니다. 이 세상에 누구도 완전할 수 없습니다. 그래서 예수 그리스도께서 십자가에 죽으시기까지 우리를 위해 죄를 담당하셨고 연약한 우리를 완전한 구원으로 인도하신 것입니다. 이제는 어떠한 것도 스스로 하는 것이 아니라 하나님께 감사함으로 감당하며 살아가기를 소망합니다.

말씀의 가지

엘리후의 연설

엘리후는 긴 연설을 통하여 하나님의 특성을 설명하고 이 진리를 욥에게 적용했다. 엘리후는 참고 있다가 욥과 세 친구에게 화를 내며 말을 시작한다. 그는 욥의 세 친구와는 다르게 욥이 죄인임을 입증하려 하지 않고 하나님에 대한 욥의 시각이 잘못되었음을 증명하려고 했다. 엘리후는 고통에 대해, 그것이 반드시 죄를 벌하기 위함이 아니라 죄를 짓지 못하게 하고(33:18,24), 더 나은 사람으로 만들기 위한 하나님의 방법이라고 말한다(36:1-5). 또한 자신을 통하여 말씀하시는 하나님은 자비하시고 공의로우시며 위대하시다고 전한다.

(신현주, 딱! 50일만에 끝내는 성경통독(도서출판 넥서스 2009), p.177)

말씀의 꽃 · 나만의 일독 큐티

말씀의 열매 · 기도 제목

고난의 결론

일독 성경 욥기 42장 1-17절(욥기 38-42장 中)

씨앗말씀 · 오늘 내게 심어진 한 절 말씀

지금까지 욥은 친구들의 계속되는 비난과 질문 앞에서 힘겹게 대답했습니다.

"그러나 결론은 하나님만이 전능하신 분이십니다.
내가 스스로 깨달을 수 없는 것을 말하고 헤아리기 어려운 일을 말하였나이다.
주님 말씀하소서 내가 듣겠나이다.
이제까지는 귀로만 듣더니 이제는 눈으로 봅니다. 회개합니다."

이것이 욥의 고백입니다. 하나님은 친구들을 꾸짖으셨습니다. 아무리 옳은 이야기라도 사랑으로 하지 않고 자신의 의로 하였음을 책망하셨습니다. 그리고 끝까지 연약함 속에서도 중심을 잃지 않은 욥을 축복하십니다.

양 만 사천과 낙타 육천과 소 천 겨리와 암나귀 천 마리를 주셨습니다. 모든 소유를 두 배로 주셨습니다. 그리고 아들 일곱과 딸 셋을 주셨습니다. 자녀를 10명 그대로 주신 이유는 현세에선 죽었지만 이미 영원한 생명을 가지고 살고 있기 때문에 있던 만큼만 주셔도 두 배입니다. 모든 것을 두 배로 허락하시고 욥이 백사십 년을 살고 늙고 기한이 차서 부르십니다. 건강이 회복되지 않고는 불가능한 일입니다. 병으로 죽지 않고 기한이 차기까지 살게 하셨습니다.

하나님은 고난을 통하여 알게 하시는 분이지 망하게 하시는 분이 아닙니다.

하나님을 믿음으로 끝까지 인내하여 욥과 같이 하나님 앞에 서는 날까지 온전히 살아가기를 소망합니다.

하나님이 시련 가운데서 무슨 일을 하고 계신지 우리에게 설명해 주시는가? 하나님이 욥에게 그의 모든 끔찍한 고통의 이유를 설명하셨다는 암시는 어느 곳에도 없다. (생략) 로마서 8장 28절 말씀의 진리에 근거해 볼 때 하나님께서 사탄이 욥을 공격하도록 허락하신 데는 단지 욥을 하나님과 사탄 간에 있었던 '내기'의 대상으로 사용하시는 것보다 훨씬 더 큰 목적을 갖고 계셨다고 결론짓게 된다. 그 이야기는 하나님과 욥의 대화로 끝을 맺는데, 거기서 욥은 자신이 시련을 통해 하나님과 새롭고 더 깊은 관계를 갖게 되었다고 고백한다(욥 42:5).

(Jerry Bridges, Is God really in control?하나님 정말 계십니까?(NavPress 2006), pp.106–107)

말씀의 꽃 · 나만의 일독 큐티

말씀의 열매 · 기도 제목

진정한 복의 의미

일독 성경 시편 1편 1–6절(시편 1–4편 中)

씨앗말씀 · 오늘 내게 심어진 한 절 말씀

진정한 축복은 무엇입니까? 다윗은 악인의 꾀를 따르지 않는 것이라고 시작합니다. 꾀는 순간적인 대처 능력입니다. 지혜는 미리미리 준비하는 것입니다.
그때그때 자신의 욕심을 위하여 변명하고 대처하는 것이 아니라 진정한 복은 미리미리 준비하고 들어가는 지혜입니다. 죄인의 길은 가지 않는 것이 아니라 서지도 않습니다. 그 길에 들어가지 않습니다. 그리고 중심에 항상 말씀을 묵상하는 것을 즐거워합니다. 무엇이 하나님의 길이고 무엇이 죄인의 길인지를 분별하는 능력을 소유하게 됩니다. 그래서 철을 따라 열매를 맺는 나무와 같이 세상의 유혹과 시련도 모두 견디고 푸르름을 머금습니다.

악인은 바람에 날아가는 겨와 같이 세상의 유혹에 이리저리 끌려다닙니다. 진정한 복은 현세를 물질을 말하는 것이 아닙니다. 악인의 길은 망할 것이다. 현세의 물질의 손해를 말하는 것이 아닙니다. 그것은 영원한 생명에 대한 약속을 가르키는 것입니다. 악인은 결국 심판대 앞에서 모른다 하실 것입니다.

그러나 의인은 내가 그를 안다고 말씀하시며 하나님의 나라에 들어가게 하십니다.
복된 사람은 현세에 남보다 많이 소유한 사람이 아니라 영원한 생명에 동참하는 사람입니다. 이를 의인이라고 표현하십니다.
우리는 모두 예수 그리스도를 믿음으로 말미암아 이미 복을 누리는 사람입니다.

말씀의 가지

시편은 이스라엘 사람들이 예부터 애창해 온 찬미와 기도문을 모은 것이다. (생략) 150편에 이르는 시편의 최초의 말씀은 '복 있는 사람은'이라는 감탄사로 시작된다. 이 감탄사는 구약성서 가운데서 시편에서 가장 많이 사용되고 있다.
이 말씀을 시편에서만 무려 25회를 사용했다는 것은 시편 전체의 기초적 사상을 표현한다고 볼 수 있다.

(신상훈, 성경의 즐거움(스타북스 2006), p.125)

말씀의 꽃 · 나만의 일독 큐티

말씀의 열매 · 기도 제목

방패로 막아 주시리라

일독 성경 시편 5편 1-12절(시편 5-7편 中)

씨앗말씀 · 오늘 내게 심어진 한 절 말씀

다윗은 대적이 다가와서 넘어뜨리려 할 때에 그곳에서 사람을 찾지 않았습니다. 다윗은 하나님께 찬양하였습니다. "나의 왕 나의 하나님이여, 내가 부르짖는 소리를 들으소서!" 오직 하나님만을 바라보며 부르짖습니다. "아침에 내가 주께 기도하고 바라리이다."

오늘 하루를 살아갈 수 있는 유일한 힘은 오직 하나님 안에 있습니다.
이것은 넋놓고 기다리는 어리석은 자의 행동이 아닙니다.
길을 찾을 수 없는 순간에도 찬양을 할 수 있는 용기입니다. 믿음입니다.
다윗은 자신을 넘어뜨리려는 사람들을 가르켜 그들의 목구멍은 열린 무덤 같다고 이야기합니다. 말하는 것마다 생명을 빼앗아갑니다. 죽음을 느낄 정도로 힘겹게 합니다. 그러나 다윗은 힘겨운 상황에서도 고백합니다.

"오직 하나님만이 나를 방패로 안위하십니다."

세상의 어떠한 강력한 화살이 나에게 날아와도 무엇이든지 막을 수 있는 하나님의 방패가 나를 보호해 준다는 것입니다. 고난을 피해 가는 것이 아니라 방패로 막아 주십니다. 그리고 은혜로 채워 주십니다.
하나님을 의지하는 자를 보호하시며 인도하시는 하나님이십니다.
오직 하나님을 바라봄으로 힘을 얻고 승리하는 삶이 되기를 소망합니다.

말씀의 가지

목전[目前]

1. 눈앞, 눈으로 볼 수 있는 아주 가까운 곳.
   예) 끔찍한 일이 목전에서 벌어지다.

2. 눈앞, 아주 가까운 장래.
   예) 죽음을 목전에 두다.
   목전의 이익만을 생각하다.
   결전의 날이 목전에 다가왔다.

(네이버 국어사전 krdic.naver.com)

말씀의 꽃 · 나만의 일독 큐티

말씀의 열매 · 기도 제목

어찌 그리 아름다우신지요

일독 성경 시편 8편 1-9절(시편 8-10편 中)

씨앗말씀 · 오늘 내게 심어진 한 절 말씀

완전한 아름다움은 하나님의 단어입니다. 하나님이 만드셨기 때문에 아름다운 것입니다. 그 어떤 것도 하나님 없이 아름다움을 소유할 수 없는 것입니다.
눈에 아름답게 보여도 그 속에 진정한 아름다움이 들어있지 않은 사람을 우리는 많이 봅니다.
하나님은 우리의 힘으로는 불가능한 일을 가능하게 하는 분이십니다.
당신의 손가락으로 해와 달과 별을 만드신 분이심을 다윗은 고백하고 있습니다.
전능하신 하나님께서 무슨 이유로 나를 사랑하시고 권고하십니까?
관심과 사랑이 없이는 타이르지도 품어주지도 않습니다.

때로는 힘겨운 길이라도 그것은 우리가 감당할 만한 힘을 주시기 때문에 능히 이겨낼 수 있습니다. 천지를 창조하실 때에 이미 우리에게 허락해 주신 것은 바로 만물을 다스릴 권세입니다. 이를 회복시켜 주실 것을 다윗은 노래합니다.

"여호와 우리 주여 주의 이름이 온 땅에 어찌 그리 아름다운지요."

나의 아버지께서 지으신 나라의 아름다움을 찬양하는 것은 그것을 다스리게 하심을 감사하는 것입니다. 하나님이 계실 때 우리는 아름답게 살아갈 수 있습니다.

말씀의 가지

시편은 성서 전체를 통틀어 가장 긴 책이고 신약성서에도 가장 많이 인용된다. 히브리어 제목은 테힐림(Tehillim)인데, 그 명칭은 '찬가'라는 뜻이지만 시편에 실린 시들은 여러 가지 분위기를 가지고 있으므로 합당한 제목은 아니다. 시편은 그 다양한 내용 때문에 오래도록 널리 읽히게 되었다. 150수로 구성된 시편은 신앙의 모든 측면에 관한 시와 노래를 담고 있다. 찬양, 좌절, 희망, 탄원, 환희, 심지어 적에 대한 복수도 있다. 1500년대에 종교개혁의 지도자 마르틴 루터는 시편을 '성서의 축소판'이라고 불렀다. 시편은 오랜 세월에 걸쳐 만들어졌으며, 그중 73편의 시는 다윗왕이 썼고, 그 밖에 솔로몬, 모세 등 유명한 사람들도 썼다고 한다. 시편 119편은 성서에서 가장 긴 장으로, 176개의 절과 모세의 율법을 찬양하는 긴 절이 하나 있다.

(바이블 키워드, 시편)

말씀의 꽃 · 나만의 일독 큐티

말씀의 열매 · 기도 제목

의인의 세대

일독 성경 시편 14편 1-7절(시편 11-14편 中)

씨앗말씀 · 오늘 내게 심어진 한 절 말씀

어리석은 사람은 마음에 이르기를 하나님이 없다고 합니다.
겉으로 아무리 화려하고 거룩한 모습을 보여도 속에 하나님이 계시지 않으면 아무것도 아닙니다.
하나님이 계시지 않는 사람은
부패하고 가증하며 길을 벗어나고 더러운 자가 되어
선을 행하지 않습니다.
하나님이 계시지 않으면 예외가 없습니다.
하나님이 찾으시려고 당신의 지각으로 살피신다 해도
아무도 없다는 것입니다.

하나님을 부르지 않는 세대. 그들에게 남은 결과는 두려움입니다.
그러나 의인의 세대에게 주시는 축복은
하나님은 피난처가 되시며 승리가 되시며 찬송이 되십니다.

'내 마음속에 무엇이 있는가?'

안과 밖의 모든 모습이 하나님의 부르심을 믿고 살아가는 삶이 되기를 소망합니다.

말씀의 가지

시편 11편은 짧지만 대단히 인상적인 시이며 그 뜻이 대단히 깊다. 문학 유형은 1절의 처음 말에서 엿볼 수 있듯이 '신뢰의 노래'이다. 시인은 제일 먼저 자신은 야웨에게만 의지한다고 말한다. 이 '신뢰'가 어떠한 것인가를 시 전체가 말하고 있다. 이 용감한 노래의 배경은 하나님을 믿지 않는 자들의 음험한 폭력행사로 신앙 공동체의 토대가 흔들리고 특히 시인과 같은 지도자가 생명의 위협을 받고 있는 현실이다. (생략) 시인은 하나님을 신뢰하여 친구들의 겁에 질린 태도를 물리치고 왜 자신은 조용히 미래를 대망할 수 있는가 그 이유를 말한다.

(석진우, 시편 노우트 개정판 상(말글빛냄 2007), p.74)

말씀의 꽃 · 나만의 일독 큐티

말씀의 열매 · 기도 제목

심장이 교훈하도다

일독 성경 시편 16편 1-11절(시편 15-18편 中)

씨앗말씀 · 오늘 내게 심어진 한 절 말씀

다윗은 늘 위기 속에서 지내면서도 시편을 지었습니다.
그는 피난처는 오직 하나님이심을 고백합니다.
우리가 존귀한 자가 되는 길은 하나님의 백성이 되었을 때입니다.
다윗은 어떠한 우상도 섬기지 않고 오직 하나님만을 바라보겠다고 고백합니다.
나의 기업이 되시고 나를 축복하시는 이는 하나님 외에는 없습니다.
그래서 매일 아침 기도하듯이
매일 밤 하나님을 송축한다고 고백합니다.
마치 심장이 나를 교훈하는 것같이 느껴진다고 고백합니다.
심장은 한순간도 멈추지 않습니다. 멈추면 죽는 것입니다.
하나님의 사랑은 멈추지도 느려지지도 않습니다.
분주하게 지내는 시간 동안 그 소리를 잊었다가도
가만히 들어보면 들리는 심장 소리와 같이 항상 계십니다.

우리는 동요할 이유가 없습니다. 실망할 이유가 없습니다.
현상은 본질을 움직이지 못합니다.
하나님이 내 안에 계시면 세상 무엇도 우리를 흔들 수 없습니다.
우리에게 진정한 생명을 주시고 그 길에 거하게 하십니다.
하나님의 부르심에 순종하여 승리하는 삶이 되기를 소망합니다.

말씀의 가지

기뻐함은 권면이 아니고 명령이다. 왜 주를 기뻐해야 하는가? 시편 기자는 이렇게 말한다. "주의 앞에는 기쁨이 충만하고 주의 우편에는 영원한 즐거움이 있나이다(16:11)." 그래서 영원한 즐거움과 행복, 기쁨과 만족은 그분으로부터 와야 한다. 기독교야말로 기쁨의 종교이자 즐거움의 종교이다. 기독교는 결코 고행의 종교가 아니다. 기쁨이 중요한 이유는 무엇인가? 기쁨은 절망으로부터 우리를 보호하고 고통을 제거한다. 죄의 유혹을 뿌리치는 힘이며, 낙심과 좌절을 뛰어넘는 소망이다.

(송길원, 소울메이트를 위한 사랑 큐티(위즈덤하우스 2000), pp.230-231)

말씀의 꽃 · 나만의 일독 큐티

더 생각해 보기

1. 주님께 피한다는 건 무슨 뜻일까?(1-2절)
2. 어려움이 닥쳤을 때 주로 어떻게 반응하는가?
3. 다른 신에게 예물을 드린다는 건 무슨 뜻일까? 지금 시대에선 이와 동일한 행동으로 어떤 것들이 있을까?
4. 하나님을 항상 앞에 모신다는 건 어떤 의미일까?(7-8절)

세계 끝까지 이르도다

일독 성경 시편 19편 1-14절(시편 19-23편 中)

씨앗말씀 · 오늘 내게 심어진 한 절 말씀

"하늘이 하나님의 영광을 선포하고 궁창이 그의 손으로 하신 일을 나타내는도다."
하나님이 천지를 창조하시고 주관하십니다.
낮은 낮에게 말하고 밤은 밤에게 지식을 전하니 사람의 귀에 들리는 소리가 없지만
세상은 하나님이 정해 놓으신 섭리대로 한 치의 오차도 없이 움직입니다.
해를 위하여 하늘을 만드셨다고 표현합니다.
하늘은 해로 인하여 채워집니다.
해를 위하여 하늘이 있고 하늘을 위하여 해가 있습니다.
하나님이 우리를 만드셨을 때에 인생의 모든 것이 우리를 위하여 있습니다.
이것이 함께하게 하시는 하나님의 섭리입니다.
그것의 주관자가 하나님이심을 고백하는 중심 축을 따라 움직입니다.
그것은 하나님의 사랑입니다.
하나님의 말씀을 의지할 때만이 영혼에 생명력을 유지할 수 있고 진리가 우리를
흔들리지 않게 하고 악한 의도가 없는 하나님의 인도하심과 분명한 선택을 보는
눈을 주심과 의지하는 자에게 영원히 변하지 않으심과 변하지 않는 확고한 판결의
기준이 모두 하나님의 말씀 가운데 있습니다.
그래서 이를 사모함이 달콤한 꿀보다도 더하다고 고백합니다.
우리의 인생에 허물을 멀리하게 하시고 고의로 저지르는 죄의 길을 걷지 않게 하시고
오직 하나님의 말씀을 깊이 묵상하고 승리하는 삶이 되기를 소망합니다.

이제는 굳이 말하지 않아도 다윗 안에서 앞으로 오실 그리스도를 발견할 수 있다. 루터는 시편 110편을 '그 어떤 시편보다 진실로 우리 귀한 주님 예수 그리스도에게 돌리기에 합당한 가장 대표적인 최고의 시편'으로 뽑았다.

시편 20편, 21편, 2편은 지상에 세워진 다윗과 솔로몬의 왕국을 가리키고 있다. 시편 20편은 하나님의 기름 부음 받은 왕, 즉 '메시아'가 전쟁에 앞서 드리는 제물을 하나님이 받으시고 원수들을 물리쳐 승리를 안겨 주실 것을 염원하고 있다. 이어지는 21편에서는 승리의 왕관을 메시아 왕에게 씌워 주신 하나님께 감사를 돌리고 있다.

(디트리히 본회퍼, 말씀 아래 더불어 사는 삶(빌리브 2010), pp.277-278)

말씀의 꽃 · 나만의 일독 큐티

두렵지 않도다

일독 성경 시편 27편 1–14절(시편 24–27편 中)

씨앗말씀 · 오늘 내게 심어진 한 절 말씀

"어둠 속에 빛이 되시며 구원이 되시는 하나님이 함께 계시니 두려움이 없도다."

다윗은 전쟁 속에서 대적이 다가온다 할지라도 오직 하나님을 의지함이 능력임을 선포합니다.

"여호와는 내 생명의 능력이시니 내가 누구를 무서워하리요.
군대가 나를 대적하여 진 칠지라도 나는 두려워 아니하리로다."

하나님은 군대보다 크신 이가 아니라 모든 것을 다스리시는 전능자이십니다.
우리가 구할 것은 하나님의 손에서 벗어나지 않고 나를 숨기시고 보호하시고 인도하시는 하나님 곁에 있는 것입니다.
육신의 부모는 나를 버릴 수도 있으나 하나님은 버리지 않는 분이십니다.
'하나님 나를 가르치시고 인도하소서.' 간절한 마음으로 간구할 때에 한 순간도 빠짐없이 보호하시고 인도하시는 분이십니다.
이제 우리가 할 것은 다윗의 고백처럼 하나님을 바라보며 강하고 담대하게 나아가는 것입니다. 내가 연약하다 할지라도 나의 연약함을 하나님의 강함으로 나타내시고 인도하십니다.

우리는 하나님께서 우리의 지극히 큰 상급이심을 올바로 이해하고 있는가? 시편 25편에서 다윗은 "여호와의 친밀하심이 그를 경외하는 자들에게 있음이여 그의 언약을 그들에게 보이시리로다(25:14)" 라고 노래한다. 오직 올바르게 하나님을 경외하는 사람만이 최고의 상급으로서 하나님을 아는 지대한 기쁨을 경험으로 배울 수 있다. 하나님과의 친밀함 자체가 상급이다. 이 진리가 지혜로운 자들에게 숨겨졌고, 어린아이들에게 나타났다(마 11:25).

(스캇 브래너, 레볼루션: 어린양의 혁명(헤럴드 출판 2012), p.165)

말씀의 꽃 · 나만의 일독 큐티

슬픔이 변하여 춤이 되리다

일독 성경 시편 30편 1-12절(시편 28-31편 中)

씨앗말씀 • 오늘 내게 심어진 한 절 말씀

대적이 나를 인하여 기뻐하지 못하게 하시고 나의 모든 것을 치료하시고 회복하시는 분은 바로 하나님이십니다.
다윗은 자신의 인생의 모든 걸음이 하나님 안에 있을 때에 비로소 안전함을 고백합니다. 비록 우리가 죄를 짓고 넘어진다 할지라도 하나님은 회개하기까지 기다리시고 노하기를 더디하시고 오해하지 않으시고 오히려 은총으로 평생을 덮으시사 언제라도 돌아서는 발걸음을 맞아 주시고 기뻐하십니다.

사람은 조금만 잘되면 영원히 잘될 것처럼 생각하고 조금만 힘들면 모든 것이 끝난 것처럼 생각하지만 세상의 조건과 환경이 아닌 오직 하나님의 긍휼히 여기심이 내 인생 가운데 나타납니다. 도와주시기를 간구할 때에 슬픔이 변하여 춤이 되게 하시고 베옷을 벗기시고 기쁨을 입게 하십니다.

이제 우리가 찬양하는 것이 아니라 내 능력으로 드리는 것이 아니라 나로 찬양이 흘러나게 하시는 하나님께 영광을 돌려드립니다.
영원한 감사를 고백하며 하나님을 바라보는 다윗의 고백이 나의 삶과 생각과 입술로 증거되기를 원합니다.

말씀의 가지

찬양, "나 주를 사랑합니다"(Laurie Klein 작사, 작곡)

아기 엄마이자 대학생의 아내인 로리가 24살에, 400불로 한 달을 살아야 하는 가난과 질병으로 견디기 힘든 상황에서, 시편 31편을 읽다가 영감을 얻어 작곡한 것이라고 고백하였다. "어느 이른 아침, 묵상 중 기타를 집어들고 노래하였다. 무심코 '나 주를 사랑합니다'라는 고백이 나왔다. 한 주쯤 지나서 친구 목사가 우리 가정을 심방하였다. (생략) 그는 아주 좋다며 악보를 달라더니 가지고 가서 캘리포니아에서 열린 전국 전도대회에서 수천 명의 회중 앞에서 불렀다."

(오소운, 21세기 찬송가 연구(성서원 2011), p.1031)

말씀의 꽃 · 나만의 일독 큐티

말씀의 열매 · 기도 제목

기뻐하는 자의 복

일독 성경 시편 32편 1-11절(시편 32-35편 中)

씨앗말씀 · 오늘 내게 심어진 한 절 말씀

허물의 사함을 받고 죄의 가리움을 받는 사람은 복이 있습니다. 현재를 사는 사람은 과거로 돌아갈 수가 없습니다. 엎지른 물을 다시 담을 수 없습니다.
그러나 시간이 지나도 그것은 그 자리에 남아있습니다. 과거에 죄를 지었던 것을 기억에서 잊어버릴 수는 있습니다. 그러나 그 죄는 우리가 아무리 없다 해도 없어질 수 없습니다. 과거로 돌아갈 수 없는 사람은 그것을 수습할 수가 없습니다.
시간의 주인은 오직 하나님이십니다. 과거와 현재와 미래를 동일하게 주관하시고 움직이십니다. 집에 불을 켜고 와도 내가 갈 수 없을 때 그곳에 있는 사람에게 전화를 걸어야 해결이 되듯이 과거의 모든 죄를 사하여 주시고 가려 주실 수 있는 분은 오직 하나님이십니다. 예수님께서 십자가에 달려 죽으시기까지 우리를 사랑하시사 모든 죄와 허물을 덮어 주셨습니다.
그러나 사탄은 그것을 드러내고 거짓에 거짓으로 모든 영혼을 피폐하게 만들어 버립니다. 하나님이 그 모든 죄를 담당하시는 유일한 길은 회개입니다. 회개하고 다시 하나님을 바라볼 때에 은신처가 되시며 환난에서 보호하시는 하나님을 고백하게 됩니다. 노새와 같이 채찍에 맞음으로 걸어가는 것이 아니라 오직 주를 바라봄으로 스스로 겸비하여 나아가는 것이 하나님이 기뻐하시는 일입니다.

이제 모든 것을 다스리시는 하나님께 모든 죄를 회개하여 사함을 받고 오직 예수 그리스도로 말미암아 구원의 기쁨을 누리고 찬송하며 승리를 선포하며 살아가기를 소망합니다.

말씀의 가지

축복에 대한 확신(시편 32편)

평생 죄책감으로 살던 할머니 한 분이 있었다. 그분은 17살에 시집갔다가 남편이 바로 만주에 징용되어, 임신한 채 친정으로 돌아오게 되었다. 나무껍질까지 벗겨 먹던 어려운 시절이라 친정 식구들의 눈길은 차갑기만 했다. 아이를 낳고 보니 쌍둥이었다. 한 아이에겐 어쩔 수 없이 젖을 주지 못했고 그 아이는 죽었다. '하나님 앞에 가면 이 죄를 어찌할까?' 할머니는 평생 죄 짐을 지고 살았다. 그러던 중 어느 목사로부터 "하나님께서는 예수님을 통해, 자식을 죽인 어미의 죄를 용서하셨습니다. 그 죄를 기억하지 않으시고, 딸로 삼으셨습니다"라는 말씀을 들었다. 할머니는 말씀에 통곡했고, 십자가 복음으로 비로소 웃음을 회복하게 되었다.

(유기성, 내 안에 계신 예수님과의 행복한 동행(넥서스 2009), p.26)

말씀의 꽃 · 나만의 일독 큐티

말씀의 열매 · 기도 제목

5월 29

자세히 살펴도 없으리라

일독 성경 시편 37편 1–11절(시편 36–37편 中)

말씀의 씨앗

씨앗말씀 • 오늘 내게 심어진 한 절 말씀

악을 행하는 자를 인하여 불평하지 말고 투기하지 마십시오.
내가 화를 낸다고 변하는 것이 아니라 하나님이 다스리시기 때문입니다.
악을 행하는 자들은 풀과 같이 베이거나 채소라 할지라도 말라서 버려집니다.
선을 행하되 하나님을 의뢰하여 선을 행하는 사람이 되기를 또한 선을 행하되 하나님이 한결같이 사랑하시는 것같이 행하기를 원하십니다.
마음의 소원을 이루어주셔서 기뻐하는 것이 아니라 우리가 하나님을 기뻐할 때에 우리의 소원을 이루어주십니다.
의는 하나님을 의지하고 맡겨드리는 것입니다. 믿음이 없이는 불가능한 일입니다.
그런 사람에게는 세상을 비추는 정오의 빛과 같이 만들어 주십니다.
진정한 사랑은 기다림에 있습니다.
악인은 기다리지 않습니다.
악인은 또한 사라집니다.
말씀은 자세히 살펴도 없을 것이라고 전합니다.
오직 결단하고 기다린 사람만이 남아서 하나님의 자녀임을 나타낼 것입니다.
예수 그리스도께서 자신이 생명을 다하여 사랑하신 것을 권리로 주장하지 않으십니다.
한결같이 우리를 기다려 주십니다.
예수님을 본받는 삶은 기다림에 익숙해지는 것입니다.
세상이 바보같다 하여도 여전히 사랑하는 삶을 살아가기를 꿈꿉니다.

말씀의 가지

쇠잔하다 [wither, 衰殘-]

힘이 빠져 거의 죽게 되다. 쇠하여 없어지다.

성경에서는 주로 하나님의 심판이나 인생의 덧없음을 강조할 때(레 26:39), 시든 나뭇잎이나 말라버린 식물을 묘사할 때(사 24:4; 겔 31:15; 약 1:11), 치명적인 상처를 입고 무너져 내리는 절망적인 상태를 묘사할 때 사용되었다(시 102:4).

(네이버 지식백과 http://terms.naver.com 쇠잔하다)

말씀의 꽃 · 나만의 일독 큐티

말씀의 열매 · 기도 제목

자갈을 먹이리라

일독 성경 시편 39편 1-13절(시편 38-39편 中)

씨앗말씀 · 오늘 내게 심어진 한 절 말씀

사람이 짓는 죄의 대부분이 혀를 통하여 이루어집니다.
남을 평가하고 질책하고 위협하고 미워하는 마음의 칼이 혀를 통하여 행해집니다.
다윗은 혀를 통한 죄를 막기 위하여 입에 자갈을 먹이리라고 표현합니다.
그만큼 힘겨운 일입니다.
선한 말이라도 상처를 내는 일이 얼마나 많은지를 알고 있습니다.
그래서 이제는 내가 남을 평가하고 말하기 전에 먼저 자신을 돌아보고
죄를 고백하고 회개하는 일을 힘써 행할 것을 다짐합니다.
세상의 성공도 물질도 명예도 내 연약함을 도울 수 있는 것은 아무것도 없습니다.
내가 하는 것 같지만 하나님이 도우시지 않으면
아무것도 이루어지는 것이 없음을 깨닫고 고백합니다.
내 삶은 마치 손가락으로 한 뼘 재는 것같이 짧고 연약하지만
그런 우리의 연약함을 통하여 하나님이 주신 영원한 약속을 붙잡고 나아갈 때만이
진정한 생명을 소유할 수 있습니다.

우리의 인생은 마치 운동선수의 도약판과 같이 진정한 축복의 시작입니다.
하나님을 의지함으로 입술을 통하여 믿음의 일이 나타나기를 소망합니다.

말씀의 가지

시편 38편은 다른 여섯 편과 더불어서 초기 기독교가 탄원시로 정리한 묶음의 하나라고 한다. 여기엔 전형적인 하나님에 대한 탄원이 절절하게 담겨 있다. 이 시편 기자의 심정이 한 사람의 신앙 경험으로 끝나는 것이 아니라 인류 전체의 영적인 경험이라고 할까? 실존적 고통이라 할까? 삶에 대한 냉소주의나 허무주의는 아니다. 결국은 여호와를 향한 간절한 탄원이다(38:21). 하나님이 멀리 하지 않으시면 다른 건 하나도 문제가 되지 않는다.

(대구 성서 아카데미, dabia.net "38편 녹취록, 속히 나를 도우소서 주 나의 구원이시여")

말씀의 꽃 · 나만의 일독 큐티

말씀의 열매 · 기도 제목

셀 수 없는 은혜

일독 성경 시편 40편 1–11절(시편 40–41편 中)

말씀의 씨앗

씨앗말씀 · 오늘 내게 심어진 한 절 말씀

다윗은 기다리고 기다립니다. 간절한 마음으로 하나님을 바라봅니다.
그 간절함은 그의 기도를 통하여 나타납니다. 간절한 사람은 움직입니다.
예수님은 십자가에 달려 죽으시기까지 사랑하셨습니다. 지금 나에게까지 구원의 능력으로 나타나고 있습니다. 그저 마냥 기다리는 것이 아닙니다. 기도하며 기다리는 것이 소망입니다. 그래서 소망은 행하는 기다림이자 믿음의 기다림입니다. 밑바닥이 닿지 않는 웅덩이에서 건짐을 받는 것처럼 든든한 반석 위를 걷는 것처럼 하나님이 나와 함께하심을 믿는 것입니다.

내 생각 내 행동 내 말과 관계에 이르기까지 말씀 안에서 새롭게 하십니다. 이제 우리에게 맡겨진 몫은 내가 듣는 것이 아니라 하나님께서 열어주신 영적인 귀를 가지고 그분의 음성을 듣는 것입니다. 그리고 그대로 순종합니다. 순종이 제사보다 낫다는 사무엘 선지자의 이야기처럼 우리의 인생을 하나님께 더 깊이 드리는 것입니다. 순간마다 인도하시는 하나님을 의지하는 것이 능력입니다.

다윗은 이것은 베풀 수 없는 것이라고 표현합니다. 아무리 내가 노력해도 다 갚지 못한다는 이야기입니다. 셀 수 없는 것이라고 표현합니다. 내 지혜와 경험으로는 그 끝을 헤아릴 수 없다는 것입니다. 내가 생각하는 것보다 더 크고 놀라운 지혜와 능력으로 채워 주십니다. 하나님을 온전히 바라보는 것, 그것보다 더 큰 능력은 없습니다.

말씀의 가지

번제 [sacrifice, 燔祭]

이스라엘 민족이 구약 시대에 야훼에게 올린 가장 일반적인 동물의 희생의식. '희생'이란 제단에 제물로 바쳐지는 산 짐승을 말하는 명사인데, 희생을 제단 위에서 불로 태워 그 연기 냄새가 하늘로 올라가게 하는 공희의 방법이다. 동물을 통째로 굽는다는 뜻에서 전번제라고도 불리는데(시 51:19), 하나님에 대한 봉헌자의 모든 헌신을 상징하는 동시에 속량의 의미도 포함되어 있었다. 번제는 매일 희생물을 바치는 외에도 속죄일(레 6장)과 3대 절기에도 드렸다. 희생의 대상이 되는 동물은 흠이 없는 수컷에만 한하여, 주로 소 · 양 · 염소 등을 썼는데 가난한 이들의 경우에는 산비둘기 · 집비둘기 등을 희생으로 바치기도 하였다(레 5:7).

(두산백과, 번제)

말씀의 꽃 · 나만의 일독 큐티

더 생각해 보기

1. 기다림과 믿음에는 어떤 관계가 있을까?
2. 많은 이들이 왜 두려움을 느끼게 될까?(3절)
3. 제사와 예물이 지금 시대 말로는 어떤 것들인가? 그것들을 원치 않으신다는 것은 어떤 의미인가?(6절)
4. 주님의 성실과 구원을 선포하고 인자와 진리를 감추지 아니한다는 것이 우리의 삶에서 어떻게 행해질 수 있을까?(8–10절)
5. 나를 보호한다는 인자와 진리는 과연 무엇일까?(11절) 어떻게 보호를 한다는 것일까? 그것을 신뢰하는가?

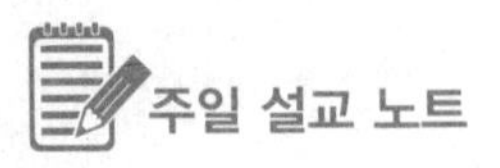

날짜 . . .

날짜 . . .

주일 설교 노트

날짜 . . .

날짜 . . .

지혜

wisdom

시편 42편-잠언 31장

JUM 성경읽기표

• 6월 •

1	시편 42–46편	
2	시편 47–51편	
3	시편 52–56편	
4	시편 57–61편	
5	시편 62–66편	
6	시편 67–72편	
7	시편 73–77편	
8	시편 78–80편	
9	시편 81–85편	
10	시편 86–89편	
11	시편 90–94편	
12	시편 95–99편	
13	시편 100–103편	
14	시편 104–106편	
15	시편 107–112편	
16	시편 113–118편	
17	시편 119편	
18	시편 120–129편	
19	시편 130–137편	
20	시편 138–143편	
21	시편 144–150편	
22	잠언 1–4장	
23	잠언 5–8장	
24	잠언 9–12장	
25	잠언 13–16장	
26	잠언 17–20장	
27	잠언 21–24장	
28	잠언 25–27장	
29	잠언 28–29장	
30	잠언 30–31장	

사슴이 시냇물을 찾듯이

일독 성경 시편 42편 1-11절(시편 42-46편 中)

씨앗말씀 • 오늘 내게 심어진 한 절 말씀

고라의 자손은 출애굽 당시 모세와 아론을 거스르고 하나님 앞에 패역을 행하여 심판을 받은 족속입니다. 땅이 입을 벌려 이백오십 명을 삼켜 버렸습니다. 그런 고라 자손에서 고백한 찬송이 시편이 되어 성경에 기록이 됩니다. 우리가 나쁘다 생각하는 사람은 예수님도 못 믿을 것 같지만 그것은 우리의 생각입니다. 누구라도 하나님께서 바꾸시면 거룩한 성도의 삶을 살 수 있습니다. 고라의 자손 중에 한 사람이 기자가 되어 이렇게 노래합니다.

"사슴이 시냇물을 찾기에 갈급함 같이 내 영혼이 주를 찾기에 갈급하니이다."

물이 없이 살 수 없듯이 하나님 없이 살 수 없는 것이 사람입니다. 진정으로 어려운 것은 내 안에 일어나는 질문입니다. 예수님 믿는 사람이 왜 이렇게 어려움을 당하는가? 마음을 흔들어 놓는 질문입니다. 시편 기자는 이렇게 노래합니다.

"내 영혼아 낙망치 말고 두려워 말고 오직 하나님만 바라고 찬송하리로다!"

가장 가까운 권면은 자신입니다. 가장 가까운 멘토는 바로 자신입니다. 말씀을 의지하여 스스로에게 축복하고 용기를 주고 믿음으로 다짐할 때에 하나님은 들으시고 다시 일으켜 세우십니다. 모든 것을 인도하시는 이는 오직 하나님뿐이라는 것입니다. 환경이 바뀌어 믿음을 갖는 것이 아니라 믿음을 가질 때 모든 것을 이겨낼 수 있습니다. 믿음으로 승리하는 삶이 되기를 소망합니다.

송사 [lawsuit, 訟事]

분쟁에 대해 판결을 내리는 일. 모세는 사소한 분쟁은 백성의 우두머리들이, 율법과 관련된 중요한 문제는 자신이 직접 판단하는(하나님께 문의하여) 하급과 상급 법정 제도를 마련했다(출 18:26). 신약 때는 로마의 허락 아래 각 회당에서 유대인을 징계할 수 있었다. 다만 로마 정부만이 생과 사의 권한을 가졌으며, 시민권자는 유대 재판정이 아닌 법정에서 재판받을 권한이 있었다(행 25:11). 한편, 성경은 형제와 더불어 송사 행위를 삼가라고 가르치며(고전 6:1,6-7), 할 수 있다면 송사 전에 화해하도록 권면한다(마 5:25-26; 눅 12:58-59). 송사를 맡은 자는 다수를 좇아(출 23:2) 편벽되게(출 23:3) 판결하지 말고 공정하게 판단해야 한다(출 23:6). 성경에는 나봇(왕상 21:1-16)이나 다니엘(단 6:1-24), 그리스도(요 19:7,12), 스데반(행 6:10-11,13), 바울(행 24:5-8) 등 신앙과 진리를 사수하다 억울하게 송사에 휘말려 고난 당하고 심지어 죽임 당한 자들의 사례가 소개된다.

(라이프성경사전(생명의말씀사 2006), 송사)

말씀의 꽃 · 나만의 일독 큐티

6월
2 환난 날에 건지리라

일독 성경 시편 50편 1-15절(시편 47-51편 中)

말씀의 씨앗

씨앗말씀 · 오늘 내게 심어진 한 절 말씀

아삽은 찬양대를 이끄는 리더입니다. 그는 노래합니다.
"해 돋는 데부터 해지는 데까지 세상을 다스리시고
또한 아름다운 시온에서 하나님의 빛이 발하는도다."
그러자 하나님께서 말씀하십니다. "나는 네 하나님이다."
사람들은 세상에서 인정받기 위하여 애를 씁니다. 직장 상사나 높은 사람의 맘에 들기 위하여 노력을 많이 합니다. 그러나 세상 지위와 명예로도 비교할 수 없는 지극히 높으신 분이 직접 부르시고 인도하시고 주관하시는 것 이것이 은혜입니다.
하나님은 또한 우리에게 약속하십니다.
"환난날에 나를 부르라 내가 너를 건지리니 네가 나를 영화롭게 하리로다."
부르지 않기 때문에 찾지 못하는 것입니다. 소리 내어 하나님을 부르십시오. 하나님은 응답하십니다. 그리고 그 모든 환난에서 건지십니다. 어린 모세가 강에 버려졌을 때에 하나님께서는 애굽 공주를 통해 그를 건지셨습니다. 모세가 할 수 있는 건 우는 것 밖에 없었습니다. 그러나 하나님이 건져 주셨습니다. 우리가 할 수 있는 것이 많은 것 같지만 결국 기도밖에 없습니다. 병상에 누워 모은 재산과 지위와 지식에 대하여 많이 갈등하고 힘겨워 하는 사람들을 보았습니다. 결국 사람이 할 수 있는 것은 기도 외에는 아무것도 없습니다. 그러나 그 기도가 가장 큰 능력입니다. 왜냐면 우리를 만드신 하나님이 들으시기 때문입니다. 부르짖고 부르짖을 때에 들으시고 기억하시는 하나님을 신뢰함으로 승리하는 삶이 되기를 소망합니다.

말씀의 가지

삶 속에서 감사하지 않는 사람도 영적으로 장애를 가진 사람이다. 마음속에 원망, 불평, 탄식, 부정적인 생각을 가지고 있다면 영적 질병을 의심해봐야 한다. 시편 50편 23절에는 “감사로 제사를 드리는 자가 나를 영화롭게 하나니 그의 행위를 옳게 하는 자에게 내가 하나님의 구원을 보이리라”라고 기록되어 있다. 우리는 늘 감사의 조건을 찾아야 한다. (생략) 감사를 모르는 민족은 쇠퇴하게 된다. 무엇보다도 하나님께 감사해야 한다. 끊임없이 감사해야 된다.

(김학중, 영적 자존심을 회복하라(넥서스 2010), pp.162–163)

말씀의 꽃 · 나만의 일독 큐티

말씀의 열매 · 기도 제목

6월

3

보게 하시리라

일독 성경 시편 54편 1-7절(시편 52-56편 中)

씨앗말씀 · 오늘 내게 심어진 한 절 말씀

다윗은 장인 사울에게서 생명을 걸고 피해 다닙니다. 다윗은 도망하던 중 아히멜렉 제사장을 찾아가 떡과 골리앗에게 빼앗은 칼을 받습니다. 이 사건으로 아히멜렉 제사장의 가족과 당시 함께 집무한 제사장들이 모두 사울의 부하인 도엑에게 죽임을 당하고 맙니다. 다윗이 십 광야에 머물며 자신과 같은 유다민족인 십 사람들의 도움을 기대했지만 오히려 사울에게 밀고하고 충성을 맹세하며 그를 어렵게 합니다. 앞뒤로 문이 닫혀 있는 것 같은 캄캄한 상황입니다. 이때 다윗은 땅을 보지 않았습니다. 그리고 사람을 보지 않았습니다. 오직 하늘을 향하여 기도하기 시작합니다. "하나님 나를 구원하여 주십시오. 하나님께서 나를 판단하시고 나의 기도를 들어주십시오." 하늘이 열려 있는 것은 무엇과도 비교할 수 없는 축복입니다. 십 사람들의 밀고로 사울이 잡으러 올 때에 다윗은 기도하였습니다. 그때 블레셋이 침공하여 어쩔 수 없이 다윗을 잡을 좋은 기회였지만 사울이 발길을 돌려 전쟁터로 가게 됩니다. 아마 사울은 이것을 우연이라고 여겼겠지만 이 순간에도 하나님은 다윗의 기도를 들으셨습니다. 다윗은 블레셋을 보내 달라고 기도하지 않았습니다. 그저 하늘을 보며 하나님을 믿는 믿음으로 도움을 간구하였습니다. 그러나 하나님은 사람이 알 수 없고 헤아릴 수 없는 지혜로 응답하십니다. 사업이 열려 헌금하고 시험에 붙어 봉사하는 것은 당시에 받은 축복에 대한 기쁨의 표현입니다. 이것도 귀합니다. 그러나 어렵고 힘들어도 평소에 다른 이유없이 오직 하나님을 사랑한다는 이유만으로 아낌없이 드리는 헌신과 사랑은 놀라운 기쁨이 됩니다. 다윗은 이러한 위기 속에서 하나님의 기쁨이 되기 원했습니다. 하나님께 사랑받는 왕이 된 이유입니다. 비교할 수 없는 하나님의 사랑과 능력을 감사함으로 누리는 삶이 되길 소망합니다.

말씀의 가지

시편은 성서 전체를 통틀어 가장 긴 책이고 신약성서에도 가장 많이 인용된다. 히브리어 제목은 테힐림인데, 그 명칭은 '찬가'라는 뜻이지만 시편에 실린 시들은 여러 가지 분위기를 가지고 있으므로 합당한 제목은 아니다. 시편은 그 다양한 내용 때문에 오래도록 널리 읽히게 되었다. 150수로 구성된 시편은 신앙의 모든 측면에 관한 시와 노래를 담고 있다. 찬양, 좌절, 희망, 탄원, 환희, 심지어 적에 대한 복수도 있다. 1500년대에 종교개혁의 지도자 마르틴 루터는 시편을 '성서의 축소판'이라고 불렀다. 시편은 오랜 세월에 걸쳐 만들어졌으며, 그중 73편의 시는 다윗왕이 썼고, 그 밖에 솔로몬, 모세 등 유명한 사람들도 썼다고 한다. 시편 119편은 성서에서 가장 긴 장으로, 176개의 절과 모세의 율법을 찬양하는 긴 절이 하나 있다.

(바이블키워드(J. Stephen Lang 2007), 시편)

말씀의 꽃 · 나만의 일독 큐티

말씀의 열매 · 기도 제목

내 마음의 확정

일독 성경 시편 57편 1-11절(시편 57-61편 中)

씨앗말씀 · 오늘 내게 심어진 한 절 말씀

다윗은 사울을 피하여 동굴로 숨었습니다. 동굴은 아무도 도와줄 수 없는 곳이며 캄캄하여 외롭고 슬프고 힘에 겨운 곳으로 다윗은 자신의 힘으로는 감당할 수 없는 그곳에서 찬양하고 있습니다. 하나님이 다윗을 기뻐하실 수 있는 것은 마음이 기쁘나 슬프나 하나님을 찬양하기에 주저하지 않았기 때문입니다.
어려움 속에서는 도움을 구하고 기쁨 속에서는 하나님이 행하신 일을 감사하였습니다. 오직 하나님 외에는 소망이 없음을 알았기에 다윗은 이렇게 고백합니다.

"내 마음이 확정되었고 내 마음이 확정되었노라.
비파와 수금으로 새벽을 깨우리로다."

새벽을 깨우며 기도하는 사람에게는 새벽이 악기가 됩니다. 스텐드에 있는 악기는 침묵합니다. 그러나 손에 들려 연주할 때에 비로소 아름다운 소리가 납니다. 새벽을 깨우며 기도할 때에 그 새벽이 찬양을 발하게 됩니다.
사업도 공부도 가정도 직장도 모두 하나님 앞에 드릴 때에 아름다운 악기가 되어 하나님의 영광을 드러내는 찬양이 됩니다. 다윗은 그렇게 막막한 동굴도 하나님의 찬양이 되게 하였습니다. 온 세계 위에 높으신 하나님을 바라보며 나아가는 사람의 삶은 찬양입니다.

해를 당하지 않도록 모든 타당한 수단들을 사용하는 예를 다윗의 삶에서 볼 수 있다. 다윗은 사울이 그를 죽이기로 결정했을 때 계속 사울을 피해 도망쳤다. 다윗은 이미 사울의 뒤를 이어 왕이 되도록 기름 부음을 받은 상태였다(삼상 16:13). 또한 시편 57편에서 보듯, 다윗은 하나님이 그를 위한 목적을 반드시 이루실 것이라고 확신하고 있었다. 그러나 다윗은 사울에게 죽임을 당하지 않도록 최대한 조심하고 경계했다. 그는 무조건 하나님의 주권만 믿고 아무렇게나 행동하지 않고, 그의 노력을 축복해 주실 하나님을 의지하며 신중하게 행동했다.

(제리 브리지스, 하나님 정말 계십니까?(도마의길 2008), p.88)

말씀의 꽃 · 나만의 일독 큐티

말씀의 열매 · 기도 제목

잠잠히 하나님을 바라보라

일독 성경 시편 62편 1-12절(시편 62-66편 中)

씨앗말씀 · 오늘 내게 심어진 한 절 말씀

우리의 침묵은 입을 꼭 다무는 것이 아닙니다. 다윗은 잠잠히 하나님을 바라보라고 노래합니다. 그렇습니다. 우리의 입술은 생각은 온 영혼은 오로지 내 생각과 경험과 능력에 대한 자랑을 멈추고 하나님이 나로 인하여 받으시는 것, 그리고 하나님이 나에게 원하시는 것에 집중하는 것입니다. 반석도 산성도 피할 바위도 모두 하나님이십니다. 내가 아는 것을 말하는 것이 아니라 받은 것을 말하는 것입니다. 다윗은 이것을 깨닫고 자신의 인생이 넘어지는 담과 흔들리는 울타리 같다고 고백합니다. "내가 왕이지만 아무것도 아니구나. 내게 권세가 있지만 여전히 흔들리는구나." 그래서 다시 고백합니다.

"내 영혼아 잠잠히 하나님만 바라라. 반석이요, 요새시요,
구원이신 하나님이 함께하시니 내가 크게 흔들리지 아니하리로다."

크게 흔들리지 않는다는 것은 흔들리기는 했다는 것입니다. 그러나 이제 흔들리지 않는다는 견고한 믿음을 선포하고 있습니다. 마음이 물질에 있지 아니하고 힘으로 남을 넘어뜨리지 않고 소유로 인하여 교만하지 아니하고 모든 권능이 하나님 안에 있음을 고백합니다. 하나님은 행한 것을 기억하시고 이를 갚아 주십니다.
늘 하나님 안에서 소망하는 삶이 되기를 바랍니다.

산혈 [bleeding, 産血]

출산 때 흘리는 피. 율법에서는 부정하게 여겨져 정결 기간을 거쳐야 깨끗해질 수 있고, 그후에라야 성물을 만지거나 성소에 들어갈 수 있었다. 남자 아이를 낳았을 경우 7일 동안 부정하였고, 33일이 지나야 깨끗하게 되었다. 이에 비해, 여자 아이를 낳았을 경우에는 14일 동안 부정하고 66일이 지나야 깨끗하게 되었다. 그리고 정결 기간이 지나면 정결 예식을 치러야 했는데, 번제물로 일 년 된 어린양을, 속죄제물로 집비둘기나 산비둘기를 드렸다. 그러나 가난하여 어린양을 드릴 수 없을 때는 산비둘기 둘이나 집비둘기 둘로 하나는 번제물로, 하나는 속죄제물로 드리도록 했다(레 12:2–8). 예수님의 어머니 마리아는 가난하여 정결 예식에서 비둘기 한 쌍을 드렸다(눅 2:22–24).

(라이프성사전(생명의말씀사 2006), 산혈)

말씀의 꽃 · 나만의 일독 큐티

하나님의 판단력

일독 성경 시편 72편 1-11절(시편 67-72편 中)

씨앗말씀 · 오늘 내게 심어진 한 절 말씀

솔로몬은 왕으로서 자신의 권세가 아닌 하나님의 판단력을 간구합니다.
자신의 결정이 아닌 하나님께 묻고 나아가기를 원합니다. 하나님의 판단력은 의의 판단이요 공의의 판단이라고 노래합니다. 물질도 지위도 건강도 기준이 아닙니다. 오직 공평과 사랑으로 판단하시고 그 중심을 보시는 분이십니다. 하나님의 판단력을 따르는 것이 가장 안전하고 확실함을 아는 솔로몬이기에 지혜의 왕이 될 수 있었습니다.
해가 있을 때에나 달이 있을 때에나 하나님이 함께하시면 악은 두려워 떨고 의는 흥왕하여 풍성하게 됩니다. 한 순간도 빠짐없이 그렇다고 고백하고 있습니다.
누워 있는 사람에게 상자가 떨어지면 위험이 됩니다. 그러나 일어나서 상자를 밟고 서면 손이 안 닿는 곳의 물건도 쉽게 내릴 수 있습니다. 상자가 어떻게 쓰이느냐는 내가 누워 있는가 서서 올라가 있는가로 결정됩니다. 위기는 우리를 덮으려 하지만 결국 그것을 이겨내야 내가 알지 못하던 곳을 보게 되고 지경이 넓어집니다. 바다에서 바다에 이르기까지 강에서 그 끝에 있는 땅에 이르기까지 어느 곳에도 하나님의 사랑이 미치지 않는 곳이 없습니다.
목마른 광야에 거한다 할지라도 우리가 끝임없이 하나님을 믿음으로 걸어가면 모든 땅과 하늘과 나라와 권세를 다스리시는 하나님의 능력이 나로 정확한 판단을 하게 하시고 길을 인도하십니다.
인생의 중요한 선택을 하기 전에 기도하는 것, 그것이 지혜입니다.

자기 자식을 사랑하는 아버지가 그렇듯이, 하나님은 그 자녀들을 사랑하기 때문에 복을 주신다. 그리고 그 자녀들에게 기쁨을 주는 데 보람을 느낀다. 그러나 시편 67편에는 하나님의 축복 뒤에 보다 큰 목적이 있음을 나타내고 있다. 그 목적이란 하나님은 항상 행동하시고, 우리 일에 관여하시며, 좋으신 분이란 사실을 하나님이 주시는 복을 통해 세상 사람들이 알게 하는 것이다.

(W Publishing Group, 하늘 영광(반디출판사 2006), p.78)

나의 뿔을 높이 들리로다

일독 성경 시편 75편 1–10절(시편 73–77편 中)

씨앗말씀 • 오늘 내게 심어진 한 절 말씀

아삽이 하나님께 감사함으로 지은 시편입니다. 하나님께서 우리와 함께 계시고 그분이 행하신 일이 놀라움을 감사함으로 고백합니다. 하나님은 하나님이 약속하신 시간에 그 약속을 지키시는 분입니다. 약속대로 예수 그리스도께서 오셔서 십자가에 죽으시기까지 사명을 감당하시고 우리에게 그 사랑으로 구원을 허락하셨습니다.
히브리 사람들은 땅을 받쳐주는 기둥이 있고 그 위에서 사람이 산다고 생각했습니다. 그래서 세상 모든 것이 흔들려도 그 기둥은 견고한 이유는 하나님이 그것을 붙들고 계시기 때문이라고 믿었습니다. 사람이 오만할 수 없는 것은 하나님이 계시지 않으면 근본적으로 아무것도 할 수 없기 때문입니다.
해가 뜨는 동쪽도 해가 지는 서쪽도, 그리고 광야와 같은 남쪽도 어느 곳에서도 내가 보고 경험한 것으로 채울 수 없습니다. 내 눈이 앞에 있기 때문에 눈에 보이는 삼면 안에서 무언가 보려 해도 보이지 않습니다.
악인은 내려지는 진노의 잔을 피할 수도 없습니다. 하나님께서는 악인의 뿔을 다 베어 버리신다고 말씀하십니다.

의인의 뿔은 높이 들어주심을 노래합니다. 내가 높이는 것이 아니라 하나님이 함께 하심으로 말미암아 그 일을 이루시고 높여주십니다.
뿔을 멋지게 세우고 걸어가는 사슴처럼 우리가 쓸 면류관을 준비하고 기다리고 계십니다. 겸손과 헌신은 내 안에서 찾을 수 있는 유일한 면류관에 대한 댓가입니다.
한 걸음씩 신실함과 성실함으로 살아가기를 소망합니다.

말씀의 가지

시편 73편에 나오는 반석이라는 단어는 히브리어로 힘을 뜻하는 말이야. 우리가 죄를 지었을 때만 좋지 않은 일이 일어나는 것은 아니야. 이 땅에서 사는 동안 우리는 하나님께서 왜 특정한 어려움들을 겪게 하시는지 결코 알 수 없을지도 모른단다. 하지만 우리는 약할지라도 하나님은 강하신 분이라는 걸 명심하고 또 명심하렴. 일이 잘못 돌아가고 있을 때에도 하나님은 여전히 너를 사랑하셔. 결코 변하지 않는 사실이란다. 하나님의 사랑은 반석처럼 견고하단다.

(토머스 넬슨, 자녀를 위한 100일 묵상(넥서스 2009), p.129)

말씀의 꽃 · 나만의 일독 큐티

더 생각해 보기

1. 주의 이름이 가깝다는 것은 무엇을 뜻하는 것인가?(1절)
2. 하나님을 '심판자'로 인정한다는 것은 무슨 의미인가?(2, 9-10절)
3. 3절에서 말하는 "땅"은 무엇을 의미하는가?
4. 뿔을 높이 든다는 것은 지금 시대에서 어떤 행위와 같은가?(5절)
5. 잔과 술이 의미하는 것은 무엇일까?(8절)

주의 빛을 비추소서

일독 성경 시편 80편 8–19절(시편 78–80장 中)

씨앗말씀 · 오늘 내게 심어진 한 절 말씀

아삽의 찬양입니다. 하나님께서는 포도나무와 같이 이스라엘을 사랑하시고 뿌리를 깊이 내리게 하시사 열매를 풍성하게 하시며 친히 준비하셔서 가나안으로 옮겨서 심어 주셨다고 말씀하십니다. 나무는 말이 없고 스스로 옮기지 못하지만 주인의 정성에 따라 귀하게도 못하게도 자라게 됩니다. 이스라엘은 하나님께서 친히 심으신 나무인데 어찌하여 이방 민족이 와서 담을 헐어버리고 수풀의 돼지와 들짐승들에게 상함을 당하고 먹히게 하십니까? 현실의 어려움을 나무와 짐승의 비유로 간절히 호소하고 있습니다. 우리는 주의 오른 손으로 심기운 나무입니다.

"주님의 손으로 우리를 계속 만져주시사 소생케 하여 주소서.
그리고 우리를 돌이키시사 주의 얼굴빛을 비춰주소서!"

하나님이 우리를 보호하시고 인도하실 때에 그것이 진정한 구원입니다. 전쟁터에서도 살아남는 사람이 있고 평안한 가운데서도 죽는 사람이 있습니다. 연약한 우리는 현재 어려울 확률이 높은 것과 어려운 것을 구별하기 어렵습니다. 그래서 막연하게 근심하고 걱정하는 경우가 많습니다. 걱정의 대부분이 아직 일어나지 않은 일을 가지고 합니다. 그러나 하나님의 얼굴을 구하며 믿음으로 나아가는 사람은 시간도 조건도 막지 못하는 견고한 믿음의 능력이 있습니다. 우리를 심으시고 자라게 하시는 분이 하나님이심을 믿고 승리하는 삶이 되기를 소망합니다.

말씀의 가지

구약에서 하나님께서 가르쳐 주신 논술학습의 핵심이 '언약'이었다면, 신약에서 예수님이 가르쳐 주시는 논술학습의 비결은 바로 '비유'이다. 물론 구약시대에도 '비유'는 있었다. 시편 78편 2절에는 "내가 입을 열어 비유로 말하며 예로부터 감추어졌던 것을 드러내려 하니"라고 말씀하심으로, 비유라는 표현상의 중요성이 강조되고 있다. 시편의 놀라운 비밀은 예수님 시대에도 이어지고 있다. 예수님이 비유로 말씀하시면 우리가 미처 알지 못했던 숨겨진 비밀들이 하나둘 밝혀지기 시작하는 것이다.

(이인석, 예수님이 가르쳐준 공부법 (살림 2007), p.300)

말씀의 꽃 · 나만의 일독 큐티

말씀의 열매 · 기도 제목

보금자리

일독 성경 시편 84편 1-12절(시편 81-85편 中)

씨앗말씀 • 오늘 내게 심어진 한 절 말씀

하나님의 성전을 통하여 영혼의 안식을 얻습니다. 세상 속에서 교회들이 온전히 하나님 앞에 쓰임을 받는다면 우리의 영혼은 늘 기쁘고 행복하게 신앙생활을 할 수 있습니다. 하나님의 집에 거하는 자는 복이 있다는 말씀처럼 행복한 신앙생활은 마치 어미새가 새끼들을 보호하고 날마다 먹이를 물어 입에 넣어 주듯이 아름답게 지켜지는 교회를 통하여 이루어집니다. 내가 연약할지라도 하나님께 부르짖을 수 있는 곳, 하나님의 교회를 통하여 이루어집니다.

하나님께 힘을 얻고 시온의 대로가 열린 사람은 눈물 골짜기를 지나 많은 샘을 얻고 이른 비와 같이 우리 영혼이 단비를 맞고 하나님 앞에 확신을 가지고 기도를 합니다. 하나님의 전에서의 하루가 다른 곳에서 보내는 천 날보다 낫고 성전의 문지기가 오히려 즐거운 것은 하나님이 나를 환난에서 보호하시고 은혜와 영화를 주시고 정직함에 기름 부어 주시기 때문입니다. 오직 하나님을 의지하는 것이 능력임을 알고 내가 앞서가지 않고 하나님의 뜻을 좇아가는 삶이 되기를 소망합니다.

말씀의 가지

성경은 계속해서 찬양하라고 권면하고 지시하였다. 이는 곧 하나님의 뜻이자 명령이다. 시편 81편을 주목해 보자. 이 말씀은 찬양과 그 중요성에 대한 좋은 청사진을 보여 준다. 1절, "우리의 능력이 되시는 하나님을 향하여 기쁘게 노래하며 야곱의 하나님을 향하여 즐거이 소리칠지어다." 싱어나 싱어가 아닌 사람에게나 모두 해당되는 말씀이다. 열쇠는 4절 말씀에 있다. 찬양은 선택된 몇 명만이 행하는 행동이 아니다. (생략) 하나님께서 만드신 창조물 중에서 우리보다 낮은 수준의 것들도 하나님을 찬양한다면(시 148:2-3, 7-10, 96:11-12) 그 피조물 중 가장 상위의 존재인 인간이 어떻게 다른 행동을 할 수 있겠는가?

(LaMar Boschman, 여호와의 노래(HPWM 출판 2009), pp.80-81)

말씀의 꽃 · 나만의 일독 큐티

말씀의 열매 · 기도 제목

영원한 은혜

일독 성경 시편 89편 1-13절(시편 86-89편 中)

씨앗말씀 · 오늘 내게 심어진 한 절 말씀

하나님의 은혜 없이 우리는 살아갈 수 없습니다. 그래서 그 인자하심을 영원히 노래한다고 시작을 합니다. 그러나 우리가 영원히 노래하는 것은 불가능합니다. 왜냐면 영원이라는 단어는 사람이 소유할 수 없기 때문입니다. 이것은 태초부터 마지막까지 모두를 소유하고 동일하게 계시는 하나님의 단어입니다. 부분 속에서 부분을 사는 사람에게는 경험되지 않는 시간입니다.

그러나 이것을 노래할 수 있는 것이 은혜입니다. 하나님의 것이기에 내가 누릴 수 있는 것이 은혜입니다. 하나님께서는 영원히 세우시고 견고히 하신다고 약속하십니다. 다윗의 승리도 아브라함의 믿음도 모세의 지도력도 모두 부분적이고 지나간 사건이지만 영원 속에서 하나님은 영원히 동일하게 우리에게 역사하십니다.

그래서 모세의 하나님, 야곱의 하나님을 부르짖으면 그때 이루셨던 그 신실하신 약속과 보호하심을 한결같이 나타내주십니다.

다윗에게 말씀하신 것을 기억하시고 지켜주십시오. 하나님의 은혜를 찾고 간구할 때에 하나님은 그것을 들으십니다. 감나무에서 감이 떨어지기를 입을 벌리고 기다리는 것이 아니라 올라가서 따는 것입니다.

하나님의 은혜는 지키는 것입니다. 하나님께서는 동서남북 모든 방향과 땅을 만드시고 지키십니다. 우리에게 필요한 것은 이것을 감사함으로 마음을 지키는 것입니다. 찾는 이에게 비교할 수 없는 것으로 주시고 지키시는 하나님의 은혜의 강물에서 마음껏 목마름을 해결하고 기쁨으로 살아가기를 소망합니다.

말씀의 가지

성산 [the holy mountain, 聖山]
하나님께서 임재해 계시며 그 백성을 만나 주시는 거룩한 산. 하나님의 지상 임재 처소인 예루살렘 성전이 세워진 산, 곧 시온산(삼하 6:12-19). 하나님을 찬양하고 경배할 것을 촉구하는 시편에서 자주 언급되는 표현이다(시 87,99).

(라이프성경사전(생명의말씀사 2006), 성산)

말씀의 꽃 · 나만의 일독 큐티

말씀의 열매 · 기도 제목

지혜의 마음

일독 성경 시편 90편 1-12절(시편 90-94편 中)

씨앗말씀 • 오늘 내게 심어진 한 절 말씀

모세가 지은 시편입니다. 모세는 이스라엘 백성을 애굽에서 인도하여 광야 길로 인도하였습니다. 사막에서 길을 걸을 때 뜨거운 햇볕을 피하는 것이 가장 중요합니다. 그래서 쉼을 주는 거처는 언제나 필요한 것이고 가장 바라는 것입니다. 하나님이 우리의 거처가 되심을 자자 손손이 노래합니다. 이것은 하나님이 최고라는 표현입니다. 땅이 생기기 전부터 이미 하나님은 계셨고 다스리셨습니다. 영원부터 영원이 모두 하나님의 손에 있기 때문에 인생이 살아가는 날이 옛날 선조들처럼 천 년이라 할지라도 어제 하루와 같고 시간과 시간의 아주 짧은 순간과도 같다고 노래합니다. 하나님이 심판하시면 견딜 수 있는 인생은 아무도 없습니다.

그러나 하나님은 그 빛을 통하여 우리의 감춘 비밀까지도 모두 드러내시고 하나님의 능력을 알게 하십니다. 진정한 지혜는 무엇입니까? 돈을 세고 성공을 향한 발걸음만 생각하는 것이 아니라 우리의 년수가 칠십이요 강건하면 팔십임을 알고 늘 하나님이 부르실 때를 기억하는 것입니다. 언제 부르시더라도 감사함으로 천국의 소망을 가지고 가는 삶이 지혜임을 노래하고 있습니다. 인생은 짧지만 하나님은 영원하심을 알고 믿음으로 승리하는 삶이 되기를 소망합니다.

말씀의 가지

처음에 시편을 가지고 기도하는 사람은 시편에 적힌 기도가 마치 자신의 기도인 듯 계속해서 따라 읽을 것이다. 그러다 자신과 거리가 좀 있다 싶으면 다른 시편들을 이리저리 훑어 넘겨볼 것이다. (중략) 그런데 시편을 가지고 기도하면서 만나는 어려움이야말로 실제로 시편의 비밀에 접근할 수 있는 비밀의 문이다. 시편에서 자신의 죄 없음을 주장하고 하나님의 심판을 간구하며, 헤아릴 길 없는 심연의 고통에 처해 있는 사람은 누구도 아닌 바로 예수 그리스도 그분이시다.

(디트리히 본회퍼, 말씀 아래 더불어 사는 삶(빌리브 2010), pp.74-75)

말씀의 꽃 · 나만의 일독 큐티

말씀의 열매 · 기도 제목

목자의 음성

일독 성경 시편 95편 1–11절(시편 95–99편 中)

씨앗말씀 · 오늘 내게 심어진 한 절 말씀

오라 우리가 즐거이 부르자. 우리는 모여야 합니다. 하나님은 찬양받기에 합당한 분이십니다. 우리를 구원하시고 선한 길로 인도하십니다. 오직 목자의 음성을 들을 때에 양은 먹이를 먹고 물을 마시고 안전하게 보호를 받을 수 있습니다.
세상에 수많은 소리가 있지만 생명의 소리는 하나님의 음성뿐입니다. 이스라엘 백성은 하나님이 만나와 메추라기로 사막에서도 생명을 보존하게 하셨는데도 또 물이 없다고 불평합니다. 불평이 아닌 기도를 하며 감사했더라면 더 좋았을 것을 하나님을 원망하였습니다. 모세를 통하여 반석에서 물이 나게 하시고 그곳을 므리바라 하였습니다. 그러나 이스라엘 백성은 생명은 보전하였으나 가나안 땅에는 들어가지 못하였습니다.

하나님은 중심을 보시는 분입니다. 중심이 흔들리고 방황할 때에 하나님은 아무리 풍족하고 축복받은 것처럼 보여도 그 속에 진정한 언약의 성취는 믿음의 중심에 나타내십니다. 다윗이 아무리 고난 가운데 있더라도 결국 약속하신대로 왕을 세우십니다. 다윗이 아무리 잔혹한 죄 가운데 빠지더라도 그 중심을 보시고 회복시키십니다. 하나님이 기뻐하시는 것은 형식도 능력도 조건도 아닌 바로 순수한 믿음입니다. 공급자를 신뢰하는 것, 그것이 나를 풍요롭게 하는 비밀입니다.

말씀의 가지

시편의 저작 연대가 불명함으로 96편과 95편이 예부터 유대교 회당과 기독교 교회에서 예배 때 사용하였다는 것만 밝힌다. 시편 96편 1–6절은 주께서 이스라엘 백성을 구원하신 은총을 찬양하고 그 주께서 전 인류의 구원을 완성하기 위하여 오실 것을 바라고 찬미하고 있다. 새 노래는 하나님의 구원의 기쁜 소식이며 기이한 행적이다. 하늘을 지으신 창조주께서 이스라엘 백성을 새롭게 재창조하셨으니 이것이 바로 새 노래인 것이다.

(신상훈, 성경의 즐거움(스타북스 2006), pp.145–146)

말씀의 꽃 · 나만의 일독 큐티

말씀의 열매 · 기도 제목

완전한 마음을 주소서

일독 성경 시편 101편 1-8절(시편 100-103편 中)

씨앗말씀 · 오늘 내게 심어진 한 절 말씀

다윗은 고백합니다. 인자와 공의를 찬양합니다. 왕으로서 자신이 가진 것으로 나라를 다스리는 것이 아니라 하나님이 주신 것으로 하나님이 행하심을 감사하는 것입니다. 이것은 완전한 길을 인도하시는 이가 하나님뿐이시며 내게 사람의 능력이 아닌 하나님의 완전하심이 필요하다는 것입니다. 연약한 사람이지만 하나님이 완전하심으로 나아갈 수 있습니다. 비열한 사람이나 배반하는 사람과 함께하지 아니하고 하나님이 주신 마음으로 소신껏 행하기를 결단합니다. 리더로서 리더다운 생각과 행동을 하지 않으면 아무도 따르지 않습니다. 다윗은 결단의 노래로 하나님께 선포합니다. 자신의 이익을 위하여 악을 택하거나 좇지 않습니다. 그리고 충성된 자와 함께하게 하시기를 간절히 구합니다. 하나님의 일은 물질이 필요하지만 물질로 이루어지지 않습니다. 오직 믿음의 동역자를 통하여 이루어집니다.
하나님이 보내주신 신실하고 정직하고 충성되고 헌신된 사람을 만나 함께하면 못할 일이 없습니다. 결국은 모든 일의 속으로 들어가면 사람의 문제입니다.

다윗은 거짓된 자를 철저히 배제하고 오직 아침마다 악한 영이 틈타지 못하도록 기도합니다. 하나님의 완전한 길은 내가 스스로 가는 길이 아니라 날마다 기도하며 겸손히 나아가는 길입니다. 하나님의 얼굴 빛을 비춰사 그 길을 보여 주신대로 순종합니다. 늘 마음의 중심이 하나님 앞에서 온전히 드려지기를 소망합니다.

(중략) 그런데 제가 나중에 깨달은 것이 치유는 이미 우리에게 주어진 유산이라는 것입니다. 이 유산은 아버지의 집에 있습니다. 우리가 아버지의 집에 들어가서 그곳에 거할 때, 그 안에서 치유의 방에 걸어 들어갈 수 있는 열쇠를 주십니다. 대문은 '감사함' 없이는 못 들어갑니다. 뜰은 '찬양' 없이는 못 들어갑니다. 감사함으로 그 문에 들어가고 찬양으로 뜰을 밟는다고 시편 100편 4절에서 그랬습니다. 감사와 찬양이 없는 마음으로는 아버지 집에 들어갈 수 없어요.

(이민아, 땅에서 하늘처럼(시냇가에심은나무 2012), p.135)

말씀의 꽃 · 나만의 일독 큐티

만물의 창조주

일독 성경 시편 104편 19-35절(시편 104-106편 中)

씨앗말씀 · 오늘 내게 심어진 한 절 말씀

하나님은 만물을 창조하셨습니다. 첫째 날 빛을 시작으로 창조하신 것이 아니라, 흑암 속에 빛을 만드실 때 그 흑암도 하나님이 만드신 것입니다. 그래서 우리는 태초를 이야기할 수는 있어도 알 수는 없습니다. 단지 우리가 할 수 있는 것은 감사의 찬양입니다. 한 땅에서 밤에는 짐승들이 낮에는 사람들이 나와 수고하며 살아가는 것과 봄이 지나면 여름이 오고 가을이 지나면 겨울이 오는 모든 것이 하나님의 섭리임을 고백하는 것입니다.

땅 위의 모든 식물을 알고 죽는 사람은 없습니다. 동물도 그렇습니다. 하나님이 만드신 것이 얼마나 많고 다양한지 알 수도 없습니다. 거기에다가 바다 속까지 생각하면 우리가 배를 타고 지나다닌다고 바다 속의 생물을 다 알 수는 없습니다. 결국 내가 알고 사는 것이 아니라 하나님이 인도하시는 대로살다가 흙으로 돌아갑니다. 우리가 감사할 것은 오늘 시편 기자가 고백하는 것같이 주의 영을 보내사 지금도 여전히 하나님의 창조의 섭리 속에 살아가는 것입니다.

나를 만드신 사람은 부모님이 아니라 하나님이십니다. 땅의 식물이 모두 같은 것 같아도 씨를 심어 나는 것마다 새로운 창조입니다. 하나님은 성실하신 분입니다. 신실하신 분입니다. 여전히 쉬지 않으시고 부지런히 세상을 다스리시고 창조하십니다. 우리를 만드신 분이 하나님이시기에 우리는 하나님의 자녀입니다. 세상 모든 사람이 하나님의 자녀입니다. 그것을 모르고 부인할 뿐 부모없이 태어난 사람이 없듯이 하나님 없이 창조된 사람은 없습니다. 이제 우리가 할 일은 단 한 가지입니다. 우리가 생존하는 동안에 하나님을 찬양하며 평생이 감사 찬양의 고백이 되기를 소망합니다.

말씀의 가지

시편 78편, 105편, 106편은 이 땅에서 살아가는 하나님의 백성들의 역사에 대해 노래하고 있다. 은혜로 당신의 백성으로 불러주시고 신실하게 관계하시는 하나님과 이에 반해 감사할 줄 모르고 의도를 범하는 그의 백성들의 역사에 대해 노래하고 있다. 이런 시편들을 가지고 어떻게 기도해야 한단 말인가? 106편은 과거 구원의 역사의 빛을 비추어 우리가 감사와 찬송과 헌신과 간구를 드리고 죄를 고백하며 하나님의 도움을 부르짖으라고 촉구하고 있다. 하나님의 선하심에 감복하며 하나님의 보좌를 향해 걸어가는 것이다.

(디트리히 본회퍼, 말씀아래 더불어 사는 삶(빌리브 2010), pp.273-274)

말씀의 꽃 · 나만의 일독 큐티

더 생각해 보기

1. 주를 만물의 창조자라 시인하는 것은 어떤 의미인가?
2. '창조자'와 '주권자'의 차이점은 무엇일까?
3. 내가 가지고 있는 것들은 다 어디로부터 왔는가?
4. "자신께서 행하시는 일들"은 무엇이며, 그로 인해 즐거워하신다는 것은 무슨 의미일까?(31절)
5. '여호와로 말미암아 즐거워'하는 고백이 나의 삶에도 동일한가?

응답하시는 하나님

일독 성경 시편 107편 1-15절(시편 107-112편 中)

씨앗말씀 · 오늘 내게 심어진 한 절 말씀

우리를 부르신 분은 하나님이십니다. 동서남북 어디에나 흩어져 있다 할지라도 하나님의 사람들을 부르셔서 자녀 삼으시고 구원하십니다.

이스라엘 백성이 광야를 지나며 고통 가운데 있을지라도 하나님께 부르짖을 때에 그 기도 소리를 들으시고 응답하시사 가나안 땅에 들어가게 하시고 거할 성을 허락하여 주셨습니다. 흑암과 사망의 그늘에 묶여 있을 때에도 하나님께 기도할 때에 하나님께서는 들으시고 어둠과 사망의 권세를 끊으시고 자유하게 하셨습니다.

아무리 물질과 명예가 있다 할지라도 우리의 영혼에 자유함과 평안함이 없다면 진정한 생명과 기쁨을 누릴 수가 없습니다. 오히려 몸은 피곤하고 고단하더라도 영혼에 자유함이 있고 마음이 즐거우면 견딜 수 있습니다. 이것이 믿음의 길입니다.

문제가 아무리 크든지 작든지 환경이 아무리 좋든지 나쁘든지 모든 발생하는 문제를 푸는 방법은 단 한 가지입니다. 말씀을 믿고 기도하는 것입니다. 이것보다 더 큰 위로와 능력이 없습니다. 하나님은 사람의 상식이 아닌 하나님의 지혜로 매 순간 기사와 이적을 행하시는 분입니다. 우리가 호흡하며 계절을 따라 열매를 먹으며 살아가는 것은 사람이 만든 것이 아닙니다. 만들 수도 없습니다. 이미 기적 가운데 살아가면서도 하나님을 인정하지 못하는 것은 어리석음입니다. 오늘도 때를 따라 채우시고 응답하시며 우리의 영혼에 진정한 생명을 주신 하나님께 감사와 찬양을 드립니다.

말씀의 가지

인생의 제일 되는 목적은 하나님을 기뻐하고 영원토록 그분을 영화롭게 하고 기쁘게 하는 것이다. 참된 예배는 참된 신앙이다. 찬양의 제사를 드리는 것이다. 시편 108편 3절은, "여호와여 내가 만민 중에서 주께 감사하고 열방 중에서 주를 찬양하오리니"라고 말한다. 입을 열어 만민 중에 감사하고 찬양하는 것이 참된 예배요, 참된 제사이다. 우리의 예배가 축제의 예배가 되고 기쁨의 예배가 되기를 바란다. 다소 형식이 없으면 어떤가? 종교적 예식이 좀 약하면 어떤가? 찬양 속에 말씀이 있고, 찬양 속에 기쁨과 감사가 넘치는, 이렇게 만나는 예배가 진정한 예배이다.

(하용조, 예수님만 바라보면 행복해집니다(두란노 2004), p.512)

말씀의 꽃 · 나만의 일독 큐티

말씀의 열매 · 기도 제목

6월
16 하늘에 계신 하나님

일독 성경 시편 115편 1-18절(시편 113-118편 中)

씨앗말씀 • 오늘 내게 심어진 한 절 말씀

지극히 높은 곳에 계신 하나님은 세상을 주관하시는 분이십니다. 우상을 만들고 섬기는 사람들은 심판을 받게 되고 모든 수고가 헛된 것임을 알게 하십니다.
오직 하나님만이 방패가 되시며 복을 베푸시는 분이십니다. 하나님을 경외하는 자에게 복을 주십니다. 자손 대대에 걸쳐 그 복을 누리게 하십니다.

오늘 본문에서는 천지를 지으신 하나님께서 친히 복을 주심을 선포합니다.
땅에서 얻는 모든 축복은 바로 하늘의 하나님이 허락하실 때 가능하기 때문입니다.
말씀에서는 죽은 자는 찬양하지 못한다고 전합니다.
육신이 죽으면 땅에서의 찬양은 하지 못합니다.
그러나 육체가 살아 있어도 영이 죽으면 찬양을 하지 않습니다.
그것은 죽은 것과 다르지 않습니다.
또한 계시록에서는 진정한 죽음은 하나님의 심판대 앞에서 이루어집니다.
심판 이후로 적막에 내려간 사람은 아무도 찬양을 할 수 없습니다.

영원한 찬양은 오직 하나님 안에 있습니다.
이제부터 영원까지 여호와를 송축하라. 할렐루야!

말씀의 가지

"유월절 만찬 때에는 네 잔의 포도주를 먹습니다. 먼저, 손을 씻고 쓴 나물을 먹으면서 첫 번째 잔을 마십니다. 두 번째 잔을 마실 때에는 유월절 잔치의 유래를 다시 한 번 말하면서 기억을 되새깁니다. 그리고 세 번째 잔을 마실 때에는 양고기를 먹으면서 시편 113편과 114편을 읽습니다. 그리고 마지막으로 네 번째 잔을 마실 때에는 시편 115편과 118편의 말씀을 읽으면서 만찬을 마무리합니다. 바로 여기에서 그 유명한 떡과 포도주의 개념이 나오게 됩니다. 유월절은 하나님께서 어린양 예수 그리스도를 통해 당신의 백성을 구원하신 사건입니다."

(하용조, 가서 제자 삼으라 (두란노 1997), p.41)

말씀의 꽃 · 나만의 일독 큐티

말씀의 열매 · 기도 제목

말씀의 은혜

일독 성경 시편 119편 9-24절(시편 119장 中)

씨앗말씀 · 오늘 내게 심어진 한 절 말씀

혈기가 왕성한 시절 내 행실을 잡아 줄 수 있는 것이 무엇인가?
말씀 밖에 없습니다. 내가 행하는 모든 것이 옳다고 생각하고 때로는 아무렇게나 살아도 평생 건강한 청년인 줄로 알고 살아가는 사람에게 말씀의 은혜가 없다면 세월은 후회의 시간이 됩니다.
단체가 움직일때 하나의 기준이 필요합니다. 기준이 없으면 사고가 납니다. 말씀이 기준이 되면 생명력 있는 공동체, 생명력 있는 가족, 생명력 있는 인생이 됩니다. 말씀을 마음에 두어야 죄를 피할 수 있고 말씀을 배우면서 하나님을 찬양하고 말씀을 입에 두어야 때마다 하나님의 뜻을 증거합니다.

본문은 물질을 싫어하는 사람이 없다고 말합니다. 그러나 그렇게 좋은 물질도 말씀과는 비교도 안 됩니다. 말씀은 돈으로 살 수 없는 능력이요 은혜이기 때문입니다.
진정으로 말씀대로 살아갈 것을 권면합니다. 주님께 눈을 열어 달라고 기도하면 주의 말씀을 보게 하십니다. 원수의 훼방과 멸시를 떠나게 하시고 하나님을 증거하게 하십니다. 말씀을 묵상할 때 일어나는 능력입니다.
오직 주의 증거는 나의 즐거움이요 지혜입니다. 인생의 모든 모습이 다 하나님이 내게 주시는 은혜의 증거입니다.

교사가 설명을 시작한다. "경청이라는 말의 기원이 된 헬라어는 '아쿠오'라고 합니다. 아쿠오는 '듣다, 주의를 기울이다, 이해하다'라는 뜻을 가지고 있죠. 여러분은 경청이 뭐라고 생각해요?" 학생들이 너도나도 한마디씩 한다. "남의 말 듣는 거요." "엄마 말 잘 듣는 거요." 아이들의 대답을 차분히 듣던 교사가 성경을 찾아본다. "하나님은 경청에 대해서 어떻게 말씀하시는지 성경을 찾아보겠어요." 교사는 칠판에 성경 말씀(시편 119편 15절, 잠언 4장 1절)을 쓰기 시작한다. "경청은 단순히 귀로 상대방의 말을 듣는 것이 아니라, 상대방의 말에 마음을 집중시켜서 듣고 이해하려고 애쓰는 거에요."

(양희욱, 세상을 이기는 아이들: 크리스천 대안학교 이야기(21세기 북스 2007), pp.181–182)

말씀의 꽃 · 나만의 일독 큐티

말씀의 열매 · 기도 제목

잠을 주시도다

일독 성경 시편 127편 1–5절(시편 120–129편 中)

씨앗말씀 · 오늘 내게 심어진 한 절 말씀

하나님께서 집을 세우지 않으시면 세우는 자의 수고가 헛되고 하나님께서 성을 지키지 않으시면 파수꾼이 밤새 지켜도 한순간에 무너집니다. 아무리 남들보다 노력하고 수고하여도 하나님이 인도하지 않으시면 어떤 수고도 헛되게 됩니다.
오히려 잠을 잔다 할지라도 하나님을 의지하는 사람에게는 곡식이 자라게 하시고 길을 예비하시고 형통의 길을 주십니다. 하나님을 신뢰하고 믿음으로 평안함과 참된 쉼을 누리게 하십니다.

하나님은 우리에게 가족을 허락하십니다. 가족을 세워 서로 기도하게 하시고 어려움을 함께 극복하게 하십니다. 젊은 자의 자식은 장사의 손에 들린 화살같이 어려움을 이기게 한다는 말씀처럼 함께하는 가족을 통하여 어떤 어려움이라도 도우시는 하나님의 사랑을 우리로 알게 하시고 누리게 하십니다.
우리에게는 교회를 통하여 믿음의 가족을 주셨습니다. 믿음의 가족을 통하여 서로 기도하게 하시고 위로하게 하시고 용기를 주게 하십니다. 하나님의 섭리로 하나되게 하시고 놀라운 일을 이루어주십니다.
이것이 하나님의 마음입니다. 믿음의 가족을 통하여 날마다 새로운 기쁨을 누리고 원수가 다가온다 할지라도 넉넉히 이깁니다. 믿음의 가족을 통하여 날마다 하나님을 만나게 됩니다. 오직 모든 발걸음을 인도하시고 축복하시는 하나님을 바라보며 승리하는 삶이 되기를 소망합니다.

말씀의 가지

이스라엘 백성들은 포로에서 해방된 사실을 믿을 수 없을 만큼 좋았을 것이다. 그들의 모습이 시편 126편에 담겨 있다. 그런데 그들만이 그렇게 기뻐할 수 있을까? 우리는 어떤가? 어떤 의미에서 주님을 알기 전의 우리 모습은 바벨론의 포로들보다 더 절망적이었다. 우리는 하나님을 알지도 못했고, 영생에 대한 소망도 없었다. 일생 동안 죄악의 노예로 살다가 종국에는 두려움으로 떨며 흑암 속에 죽어야 했던 우리이다. 아니 신학적으로는 '이미 죽었던' 우리이다. (중략) 우리의 삶은 과연 꿈꾸는 것같이 행복한가?

(김학중, 영적 자존심을 회복하라(넥서스 2010), p.116)

말씀의 꽃 · 나만의 일독 큐티

말씀의 열매 · 기도 제목

엄마 품속의 아이

일독 성경 시편 131편 1-3절(시편 130-137편 中)

말씀의 씨앗

씨앗말씀 · 오늘 내게 심어진 한 절 말씀

다윗은 하나님을 바라볼 때에 자신의 인생의 길이 얼마나 험난하고 어려웠는가? 내가 얼마나 많은 것을 이겨냈는가? 나를 통하여 얼마나 큰 일을 행했는가? 하는 것보다 오히려 아이와 같이 하나님의 품에 있는 가에 주목합니다. 교만하고 높아진 마음으로는 하나님을 기쁘시게 해드릴 수 없습니다.

비록 사람의 힘으로 성전을 짓는 일은 할 수 없었지만 하나님의 말씀대로 순종하여 오히려 자식 대에 더 아름다운 성전이 지어지도록 그 모든 재료를 준비한 것은 성전을 짓는 것만큼 귀한 일입니다. 어린아이는 스스로 이동할 수 없습니다. 스스로 먹을 것을 구하지 못하고 스스로 보호하지도 못합니다. 어머니의 품이 가장 안전하고 풍요롭고 자유로운 곳입니다. 다윗에게 하나님의 품은 어머니의 품과 같습니다. 다윗의 중심이 어린아이와 같이 오직 하나님만을 바라보았기에 어떠한 환경 속에서도 하나님을 사랑하는 마음을 멈추지 않고 자신이 다스리는 나라를 향하여 이렇게 외칩니다.

"이스라엘아 지금부터 영원까지 하나님를 바랄지어다!"

자신의 능력이 아니라 하나님을 바라보는 믿음으로 나라가 세워져가고 자신의 모든 삶이 열매를 맺는 삶이 되기를 간구함으로 선포합니다. 오직 하나님만이 찬양을 받기에 합당한 분이십니다. 할렐루야!

교만은 모두를 병들게 만드는 병균이다! 시편 131편 1절은 다윗왕이 평생 동안 증명해 보인 성공의 4대 원칙을 드러내보인 첫머리이다. 당신이 왕이든 경영자든 목사든 아니면 한 집안의 가장이든 간에, 이 원칙은 시간을 초월해서 당신을 성공으로 인도해 주는 이정표가 될 것이다. 구약에서 보듯이 하나님은 이스라엘 민족에게 마음이 강팍해졌다는 이유로 여러 번 벌을 내리셨다. 그들은 입술로 하나님을 사랑한다고 말하며 그 증거를 행동으로 보여 주었지만, 그들의 마음은 하나님에게서 너무 멀어져 있었다(이사야 29:13).

(Bob Yandian, Leadership Secrets of David the King(2013))

새벽 날개 치며 바다 끝에 거해도

일독 성경 시편 139편 1–10절(시편 138–143편 中)

씨앗말씀 · 오늘 내게 심어진 한 절 말씀

하나님께서는 우리를 보고 계십니다.
우리가 하나님을 찾는 것 같지만 하나님이 우리를 찾아내십니다.
우리의 행동도 생각도 삶의 모든 모습을 보시고 아십니다.
아주 작은 속삭임도 사람에겐 비밀이 되지만 하나님은 들으십니다.
보시고 들으시는 이유는 평가를 위해서가 아닙니다.
우리를 보호하고 축복하기를 원하시기 때문입니다.
하나님으로부터 벗어나지도 피하지도 못하는 것은 속박이 아니라
자유이며 진정한 축복입니다.
하나님이 외면하신다면 사람은 설 자리가 없습니다.
세상의 지식이 아닌 영적인 비밀을 깨달은 사람은 실망하지 않습니다.

왜 실망하지 않는가? 바로 새벽 날개를 치며 바다 끝에 거할지라도
나를 붙드시고 인도하시는 하나님을 신뢰하기 때문입니다.
하나님의 동행은 내가 가는 곳을 쫓아와 주시는 것이 아니라
우리가 하나님의 은혜의 강에 푹 잠겨 있는 것입니다.
피할 수도 없고 피할 필요도 없습니다.
하나님의 사랑은 우리를 포기하지 않고 끝까지 붙잡아 주십니다.

말씀의 가지

감사는 어려운 상황에 직면해서 다시 하나님의 도움이 필요할 때 우리가 그분께 보다 큰 확신을 가지고 나아갈 수 있도록 이끌 것이다. 리더는 이 세상에서 가장 많이 감사를 하는 사람들이다. 그들은 자신이 가진 모든 것이 하나님께서 주신 선물이라는 사실을 알고 있기 때문이다. 모든 축복의 근원인 그분을 기억하고 감사하라. 시편 138편 1-3절까지의 다윗의 말은 리더들이 귀감으로 삼아야 할 내용이다. 이것은 가정이나 교회 혹은 비지니스를 통틀어 모든 리더들을 위한 기도이다. 예수님처럼 하라. 감사하라.

(Bob Briner, 예수처럼 하라(비지니스북스 2008), pp.136-137)

말씀의 꽃 · 나만의 일독 큐티

말씀의 열매 · 기도 제목

인생이 무엇이관대

일독 성경 시편 144편 1-7절(시편 144-150편 中)

씨앗말씀 · 오늘 내게 심어진 한 절 말씀

다윗은 반석이신 하나님을 찬양합니다. 내 손과 손가락을 가르쳐 이기게 하시는도다. 내가 움직이는 것 같지만 모든 일을 주관하시는 분은 오직 하나님이심을 고백합니다. 화살을 잡는 손과 줄을 당기는 손가락 모두 내가 방향을 정하고 놓는 것 같지만 활을 떠난 화살은 내가 아무리 잘 쏘아도 결국 내가 움직일 수 없습니다. 하나님이 만드신 공기와 바람과 환경에 영향을 받기 때문에 내가 예상한대로 간다고 보장되지 않습니다. 이처럼 적을 물리칠 것이라는 확신을 스스로 할 수 없습니다.

오직 하나님이 도우시면 가능합니다. 다윗은 철저하게 하나님의 주권을 인정해 드리며 자신이 왕으로 나라를 다스리지만 자신을 다스리는 통치는 하나님 안에 있음을 끊임없이 점검하고 감사하고 찬양하고 있습니다. 이것이 다윗의 믿을 만한 중요한 인격입니다. 사람의 인생은 헛것과 같고 해가 없으면 생기지 않는 그림자같이 하나님이 계시지 않다면 의미도 없고 생기지도 않습니다. 그런 연약한 우리를 끝까지 붙잡아 주시고 보호해 주시는 하나님의 은혜는 어떠한 말로도 다 표현할 수 없습니다. 어렵고 힘겨운 상황 속에서 적이 넘어뜨리려고 다가온다 할지라도 번개가 치게 하시는 것처럼 당신의 심판으로 악인을 멸하시고 하나님의 공의를 나타내십니다.
홍수 때에 넘치는 물과 같이 내 힘으로 감당할 수 없다 할지라도 하나님은 구원의 길이 되시고 능력이 되십니다. 인생이 무엇이관대 저를 알아주시고 생각하십니까? 우리는 늘 감사함 외에는 고백할 것이 없습니다.

말씀의 가지

다윗은 다양한 상황 속에서 자신의 믿음 탱크를 채우고 방향을 알기 위해 찬양을 사용했다. 다윗이 지은 수많은 시편은 삶을 비틀어대는 절망과 좌절 속에서도 하나님을 경외할 이유를 찾아내는 그의 능력을 증명한다. 시편 145편 1절에서 그는 "왕이신 나의 하나님이여 내가 주를 높이고 영원히 주의 이름을 송축하리이다"라고 선언한다. '영원'이라는 단어는 좋은 시기뿐 아니라 나쁜 시기도 포함하고 있는 단어이다. 또한 다윗은 다른 시편에서 "여호와를 기뻐하라. 그가 네 마음의 소원을 네게 이루어 주시리로다(시 37:4)"라고 기록한다. 갖고 있지 않은 것이나 얻지 못한 것에 집중할 때 종종 생겨나는 부정적인 자기 연민 대신 하나님을 알아가는 기쁨에 집중하려고 하는 다윗은 얼마나 대단한가!

(Jim Graff, 교회는 다니지만 왜 사는지 모른다면(21세기북스 2007), p.154)

말씀의 꽃 · 나만의 일독 큐티

더 생각해 보기

1. 하나님을 찬양하는 것은 왜 중요한가?(1절)
2. 하나님은 내게 어떤 분이시라고 고백하는 것은 왜 중요한가?(2절)
3. 사람, 그리고 인생의 가치는 무엇인가?(4절)
4. 지금 나의 현실에서 '큰 물'과 '이방인의 손'은 무엇인가?(7절)
5. 지금 나의 삶에서 주님의 주권에 불순종하는 모습이 있는가? 혹은 순종하는 모습이 있다면 어떤 것이 있는가?

6월 22

지혜관

일독 성경 잠언 2장 1-12절(잠언 1-4장 中)

말씀의 씨앗

씨앗말씀 · 오늘 내게 심어진 한 절 말씀

하나님의 말씀을 받으면 간직해야 합니다. 이것은 지혜자의 태도이며 지혜를 찾는 이의 기본입니다. 지혜는 부르고 구하고 찾는 이에게 주어집니다.

우리가 그렇게 찾아야 할 지혜는 무엇인가?
말씀은 우리에게 여호와를 경외하는 것과 하나님을 아는 것이라고 전해줍니다. 삶 속에 완전한 지혜와 보호와 보전이 하나님을 경외하는 자에게 주어집니다.
산길을 따라 올라가다 산사태로 길이 끊어져 있으면 더 이상 오르지 못합니다.
다른 길을 찾거나 만들어야 합니다. 하나님을 경외하는 자에게는 길을 보전하십니다.
아무리 어렵고 힘겨운 상황 속에서도 길을 아는 사람만이 도착할 수 있습니다. 그 길을 보전해 주시는 이는 하나님이심을 아는 사람은 자신은 그 길을 걷고 있을 뿐 만드신 이는 하나님이심을 찬양합니다. 공의와 공평과 정직의 선한 길을 하나님이 보여주시고 가게 하십니다. 지혜가 마음에 거하는 사람은 영혼의 참 즐거움을 누리게 됩니다. 돈이나 명예로 살 수 없고 누릴 수 없는 행복을 소유하게 됩니다.

지혜를 통하여 삶의 모든 순간이 하나님께서 주시는 놀라운 은혜임을 고백하게 하시고 살아가게 하십니다. 악한 자가 꾈지라도 피할 수 있고 그 속에서 건짐을 받습니다.
하나님은 하나님의 사람에게 지혜를 통하여 자신을 나타내십니다.

말씀의 가지

"얘야, 하룻밤 사이에 너를 부자로 만들어 준다는 뜬구름 같은 말을 믿어서는 안 된다. 잠언 1장에서 솔로몬 왕이 자기 아들에게 이렇게 말하고 있단다. 내 아들아, 악한 자가 너를 꾈지라도 따르지 말라. 그들이 네게 말하기를 우리와 함께 가자. 우리가 온갖 보화를 얻으며 빼앗은 것으로 우리 집을 채우리니 할지라도 내 아들아, 그들과 함께 길에 다니지 말라. 보통 허황된 약속을 하는 그런 자들은 성경이 말씀하듯 너를 꾀어 망하게 하는 악한 자들이란다. 자, 아직도 늦지 않았으니 내 말을 듣고 어서 집으로 돌아가거라!"

(안드레, 피노키오의 기도(바이블리더스 2009), pp.157-158)

말씀의 꽃 · 나만의 일독 큐티

말씀의 열매 · 기도 제목

개미에게 배우라

일독 성경 잠언 6장 1-11절(잠언 5-8장 中)

말씀의 씨앗

씨앗말씀 · 오늘 내게 심어진 한 절 말씀

본문에서는 보증이나 담보를 서지 말라고 말합니다. 사랑으로 베풀되 얽히지 말라는 것입니다. 그런 것들은 결국 스스로 매이는 길이 됩니다.

말씀에서는 혹시 이미 매였다면 겸손하게 가서 그것을 간구하여 스스로 구원하기를 권면합니다. 노루가 사냥꾼의 손에서 벗어나는 것같이 새가 그물을 벗어나는 것같이 신속하게 하기를 권합니다. 누군가를 사랑한다는 것은 아낌없이 줄 때 가능합니다.

게으른 사람은 개미에게 가서 배우라고 말합니다. 개미는 시키는 사람도 없고 속박하는 사람도 없지만 여름 동안에 곡식이 나지 않는 추운 겨울을 준비합니다.

진정한 지혜는 부지런하여 대비하는 것입니다. 좀 더 자자 좀 더 졸자 하면 빈궁이 강도같이 곤핍이 군사같이 온다고 증거합니다. 새벽을 깨우며 기도할 때에 몸이 피곤할 때가 있습니다. 그래서 딱 5분만 하다 보면 날이 새고 맙니다.

지금입니다. 나중이 아닙니다.

지금이 우리가 부지런히 기도할 때이며 하나님께 나아가야 할 때입니다.

사람이 부지런히 해야 할 일 중에 가장 중요하고도 강력한 일은 바로 기도입니다.

영적인 창고에 가득 채워진 기도만이 어려움이 있을 때에 지불할 수 있는 힘이 됩니다. 가뭄도 이겨낼 수 있는 숨겨 놓은 저수지가 됩니다.

채우시고 공급하시는 분은 하나님이십니다.

오직 하나님만 바라보며 승리하는 삶이 되기를 소망합니다.

말씀의 가지

해야 할 일은 하지 않고, 하고 싶은 일만 하며 살아서는 안 된다. 자신이 하고 싶은 일만 하고 살면 그 사람은 나중에 하고 싶은 일도 하지 못하는 처지가 될 수 있다. (중략) 잠언 6장 9절을 보라. 부지런하게 열심히 살기로 결정하라. 그건 당신의 결정이고 스스로 얼마든지 할 수 있는 일이다. 그래야 하나님의 기적이 당신에게 일어난다. 주님의 음성을 듣고 순종하여 돌을 옮기라. 하나님께서 우리에게 요구하시는 것은 돌을 옮기는 작은 순종이다.

(원 베네딕트, 뭐가 되려고 그러니?(넥서스 2008), p.64)

말씀의 꽃 · 나만의 일독 큐티

말씀의 열매 · 기도 제목

말씀의 은혜

일독 성경 잠언 10장 16-32절(잠언 9-12장 中)

씨앗말씀 · 오늘 내게 심어진 한 절 말씀

의인은 말씀을 지키며 생명길을 걷습니다. 그러나 악인은 말씀을 떠나 멸망의 길을 갑니다. 거짓을 말하고 말을 많이 하고 행악으로 낙을 삼습니다.

그러나 의인의 혀는 귀한 은과 같아서 가치가 있는 말로 사람을 세웁니다. 악인으로 인해 분열되고 나뉜 곳에 가서 오히려 그 영혼들을 살리고 세우고 회복시킵니다. 그래서 악인에게는 두려워하는 것이 임하고 의인에게는 소망이 증거됩니다.

의인의 걸음은 견고하여 넘어지지 않는 나무와 같고 성과 같습니다. 그의 말을 통하여 많은 이들이 쉼을 얻고 열매를 먹고 보호를 받습니다. 그러나 악인의 입은 베임을 당하는 나무와 같이 사라집니다.

요한복음 14장 6절 말씀은 예수님만이 길이요 진리요 생명이심을 알려 줍니다. 우리가 생명길을 가는 의인이 되는 것은 오직 예수 그리스도 안에서 가능합니다.
예수 그리스도의 길을 가는 우리에게는 죄악의 십자가를 생명의 십자가로 바꾸신 놀라운 은혜와 능력이 나타나서 구원의 길, 축복의 길, 생명의 길, 오직 하나님의 나라를 허락받는 길을 걷습니다. 날마다 꿈꾸는대로 소망하는대로 이루시고 인도하시는 하나님을 바라봅니다. 그리고 영원한 생명을 주신 하나님께 감사함으로 살아갑니다.

이 땅의 재물과 부와 성공과 출세는 오늘날 사회에서 힘을 가늠하는 잣대다. 또한 이러한 힘에 따라 지위가 부여된다. 그러나 이 모든 것은 일시적이다. 잠언 10장 2절은 이러한 것들이 모두 '무익한 불의의 재물'이라고 하였다. 그러나 우리는 남을 해치면서까지 악착같이 그것들을 모으려 한다. 자신의 상대가 모든 창조물보다 먼저 나신 하나님의 아들임을 알고 있었던 사탄은 예수님에 대해 모든 화력을 쏟아 부어 정면 공격을 감행했다. 사탄의 전략은 우리로 하여금 자신은 단지 모든 사람들이 원하는 세상의 보화를 원할 뿐이라고 생각하도록 속이는 것이다.

(레슬리 몽고메리, 우리 아이 성령으로 키운다(살림 2007), pp.89-90)

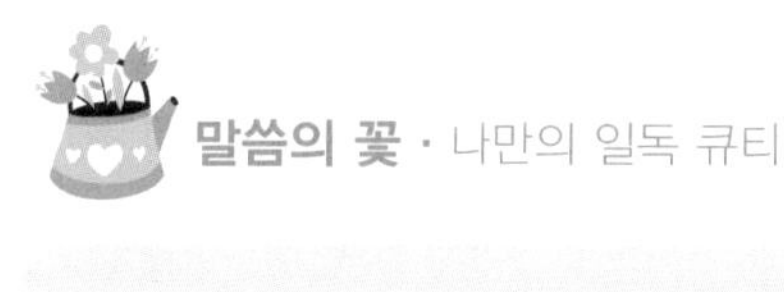

모든 것을 감찰하시는 이

일독 성경 잠언 16장 1–33절(잠언 13–16장 中)

씨앗말씀 · 오늘 내게 심어진 한 절 말씀

전능하신 하나님께서는 우리의 마음속 깊은 곳까지도 알고 계십니다.
속담에 열 길 물속은 알아도 한 길 사람 속은 모른다고 했지만 하나님께서는 우리의 복잡한 마음과 생각까지 모두 알고 계십니다.
우리가 어떤 행위를 할 때 어떤 마음으로 그것을 행하였는지 알고 계십니다.
그래서 우리는 그 누구라도 속일 수 있겠지만 단 한 분 전능하신 하나님 앞에서는 모두 벌거벗은 상태가 되는 것입니다.
혹시 나의 어떠한 행위가 내가 생각하기에 선한 것이라고 할지라도, 그 생각 자체가 우리의 어리석음으로 인하여 오는 것일 수 있으며 그러한 때에 모든 지혜의 근본이신 하나님께서는 우리의 우둔함과 어리석음까지도 너무나 잘 알고 계십니다. 마음의 중심이 어디를 향하고 있는지 바라보고 계시고 측량하고 계십니다.
심지어 우리의 생각을 가지고 모든 것을 계획하고 나갈 때 우리는 바른길을 걷고 있다고 생각하지만 그릇된 길로 가고 있을 수도 있습니다. 더욱 더 우리의 모든 행위와 생각과 그 중심을 하나님 앞에 온전히 맡겨야 합니다.

우리가 생각하고 계획할 수 있습니다. 그러나 하나님께서는 그 생각과 계획의 옳고 그름을 정확히 알고 계시며 우리를 온전한 길로 인도하실 수 있는 분이십니다.
매일의 삶의 기준이 하나님 안에서 온전함으로 승리하기를 소망합니다.

말씀의 가지

성공하고 싶은가? 당장 모든 것을 팔아 지혜를 사라. 그렇다면 어떻게 지혜를 살 수 있는가? 잠언 13장 20절은 그 비결을 이렇게 제시한다. "지혜로운 자들과 함께 걸으면 지혜롭게 되지만, 어리석은 자들과 친구가 되면 해만 당한다." 지혜로운 자와 사귀면 지혜롭게 된다는 말이다. 가장 지혜로운 자가 누구인가? 바로 하나님이시다. 하나님은 지혜의 원천이시다. 그분은 마음을 열고 그분의 말씀을 듣는 자에게 선물로 지혜를 주신다. 지혜를 사고 싶은가? 지혜의 근원이신 하나님을 경외하며 그분의 말씀을 묵상하고 또 묵상하라.

(김인환, 예수가 이끄시는 성공(도마의길 2007), p.143)

말씀의 꽃 · 나만의 일독 큐티

말씀의 열매 · 기도 제목

연단의 은혜

일독 성경 잠언 17장 1-15절(잠언 17-20장 中)

씨앗말씀 · 오늘 내게 심어진 한 절 말씀

'마른 떡 한 조각을 가지고도 화목하는 것이 제육이 가득하고도 다투는 것보다 나으니라.' 조건으로 행복한 것이 아니라 소망으로 행복합니다.
현재의 행복을 허락하는 것은 미래의 성과가 아니라 지금 현재 믿음을 가지고 호흡하는 나 자신입니다. 말씀에서는 슬기로운 종은 아들과 같이 유업을 받는다고 증거합니다. 인종과 나라와 지위를 넘어서는 하나님의 사랑의 범위입니다.
하나님은 자녀 삼으신 우리를 가장 존귀하게 여기시고 사랑하십니다.
시험이 오고 어려움이 올 때에 우리는 심판을 생각합니다. 그러나 도가니가 은을, 풀무가 금을 연단하여 순도가 높은 보석이 되는 것처럼 하나님은 우리의 마음을 연단하셔서 가장 귀한 보석으로 사용하십니다. 뜨거운 불을 견딘 보석이 더욱 순도가 높아지듯이 더 큰 어려움과 연속된 훈련으로 우리는 더 가치 있는 믿음의 일꾼이 됩니다.
작은 틈이 큰 댐을 무너뜨리는 것처럼 우리의 인생에 작은 틈이 전체를 넘어뜨릴 수 있습니다.
지혜롭게 피합니다. 기다립니다. 인내합니다.
그렇게 하여 더 튼튼하고 틈새가 없는 벽이 되어 큰 물을 담을 수 있습니다.
악인을 의롭다하고 의인을 악하다고 거짓 증거하지 않고 오직 있는 그대로 정직하게 하나님의 일을 감당하며 눈치 보지 않고 당당하게 나아갑니다.
세상이 사랑하는 사람이 아니라 하나님의 사랑받는 자녀로서 더 영적으로 든든히 서 가는 삶이 되기를 소망합니다.

말씀의 가지

"행복한 가정을 꾸려가는 행복한 부부는 충족된 조건에서 오는 것이 아닙니다. 존경받을 만한 부분이 없어 보여도 남편을 존경하려 하고, 흠 있고 부족해도 아내를 사랑하려고 할 때 행복한 가정이 될 수 있습니다. 그러므로 우리에게 필요한 것은 말씀을 따라 살아가려는 노력입니다. 가정에 헌신하십시오. 잠언 17장 1절은 가정의 참 모습에 대해 말씀합니다. 건강한 가정은 구성원끼리 서로 헌신합니다. 부부가 서로에게 하는 헌신이 가족 전체에까지 확장됩니다."

(김병삼, 내 맘대로 안 되는 내 인생(넥서스 2010), p.206)

말씀의 꽃 · 나만의 일독 큐티

말씀의 열매 · 기도 제목

사회와 신앙과 교육

일독 성경 잠언 22장 1-6절(잠언 21-24장 中)

씨앗말씀 · 오늘 내게 심어진 한 절 말씀

인생의 길을 가는 동안에 필요한 세 가지가 무엇인가?
잠언에서는 첫째로 사회 생활에 대하여 이렇게 이야기합니다.
물질보다 명예를 택하고 금과 은보다 은총을 택하라. 이름을 더럽히지 말고 사람들로 하여금 사랑 받는 사람이 되라는 것입니다. 돈을 위해서라면 무엇이라도 하는 사람들을 보면 당장에는 배부르고 만족을 누리는 것 같지만 결국 인생에 남는 것은 후회입니다. 마지막 부름에 있어 아무도 아무것도 가지고 갈 수가 없기 때문입니다. 기억할 것은 부자나 가난한 사람이나 모든 사람을 하나님이 만드셨다는 사실입니다 미래를 보는 슬기를 가진 사람은 남보다 먼저 보고 먼저 갑니다. 그리고 어려움이 있을 때에 피할 수 있습니다. 사회 생활을 하는 모든 지혜가 하나님 안에 있음을 깨닫게 됩니다.
둘째로 신앙생활에 대하여 이야기합니다. 성공의 자리에서 교만이 아닌 하나님을 경외하는 겸손이 신앙입니다. 마땅히 행해야 하는 길을 가르쳐야 합니다. 훈련해야 합니다. 언제부터? 말씀은 어린 시절부터라고 말합니다.
행동이 시작되는 근본부터 옳게 배우고 걸어야 합니다. 악을 멀리하고 하나님 앞에 정직히 행하며 순종하는 길은 아무리 빨리 시작해도 과하지 않습니다.
지식보다 먼저 담아야 하는 것은 바로 온전한 믿음의 교육입니다.
인생에 사회적 관계와 신앙의 중심과 교육까지 모두 다 하나님 안에서 온전함으로 자라고 살아가는 중요한 부분입니다. 모든 것이 하나님으로부터 시작됨을 깨닫고 세상 가치에 밀리는 것이 아니라 주도하는 하나님의 사람이 되기를 소망합니다.

말씀의 가지

잠언 21장 26절은 "어떤 자는 종일토록 탐하기만 하나 의인은 아끼지 아니하고 베푸느니라"라고 말한다. 이처럼 행복은 소유에 있지 않고 다른 사람에게 나누고 베푸는 데 있다. 하지만 대부분의 사람은 자신의 행복을 위해 더 많은 것을 소유하려 하고, 소유가 많아지면 많아질수록 욕심이 더 생긴다. 욕심을 부리는 자는 절대 만족하지 못한다. 우리는 예전보다 더 많은 것을 누리고 있으나 마음이 더 행복한 것은 아니다. 욕심은 '부릴' 것이 아니라 '버릴' 것이다.

(원 베네딕트, 너, 정말 행복하니? 예수님이 알려주신 참 행복의 8가지 비밀(넥서스 2009), p.88)

말씀의 꽃 · 나만의 일독 큐티

말씀의 열매 · 기도 제목

내일 일을 자랑하지 말라

일독 성경 잠언 27장 1-10절(잠언 25-27장 中)

씨앗말씀 · 오늘 내게 심어진 한 절 말씀

하나님은 우리에게 말씀하십니다. 내일 일을 자랑하지 말라.
또 말씀하십니다. 타인으로 칭찬하게 하라. 사람은 연약한 존재입니다. 스스로 자랑할 것도 없고 보장할 것도 없습니다. 곳간에 가득 채운 곡식을 보며 내일부터 쉬면서 누리자 하더라도 하나님이 부르시면 그 자리에서 부름을 받는 것이 인생입니다. 돈으로 생명을 연장할 수는 있어도 구원하지 못합니다.

우리에게 필요한 것은 자랑이 아니라 감사입니다. 내일 일을 감사하는 사람은 소망이 있는 사람입니다. 그런 사람은 칭찬들을 만한 인격을 소유하게 됩니다. 하나님을 떠난 미련한 사람은 돌보다도 무겁습니다. 분노하며 일을 그르치게 됩니다. 거기다가 투기하며 방해까지 합니다. 미래를 자신 안에서 찾으려 하니 보이지가 않습니다. 남는 것은 분노와 공허함 뿐입니다.
배부른 자에게는 꿀이 소용없고 배고픈 자에게는 쓴 것도 달게 느껴집니다.
필요를 따라 넘치지도 모자르지도 않게 채우시고 인도하시는 분이 하나님이심을 믿고 기다리는 사람은 충성된 말을 분별하여 듣고 진정한 동역자를 얻게 됩니다.
시기와 질투로 사람을 떠나보내지 않고 진실한 동역자를 통하여 하나님이 예비해 주신 곳을 찾게 됩니다. 그리고 떠나지 않고 그곳에서 감사함으로 사명을 감당합니다.
날마다 채우시고 인도하시는 하나님을 바라보며 승리하는 삶이 되기를 소망합니다.

말씀의 가지

영예: 영광스러운 명예
기별: 다른 곳에 있는 사람에게 소식을 전함
사리: 일의 이치, 변화하는 현상과 그 배후에 있는 불변하는 진리
별식: 특별한 방식, 여러 가지 방식

(네이버 국어사전 http://krdic.naver.com)

말씀의 꽃 · 나만의 일독 큐티

더 생각해 보기

1. 내가 자랑할 수 있는, 자랑하고 싶은 일은 무엇이 있는가?
2. 미련한 자의 분노는 무엇을 뜻하는 것일까?(3절)
3. 친구의 충고를 멀리하거나 거짓 칭찬에 기뻐한 적은 없었는가?(6-7절)
4. 환난 날에 형제의 집에 들어가지 말라는 건 무슨 의미인가?(10절)
5. 기독교인으로서, 어떻게 서로의 관계를 올바르게 형성할 수 있을까? 다른 교회와 그리고 그 교회의 성도들과의 관계는 어떻게 맺어야 할까?

사자같이 담대하라

일독 성경 잠언 28장 1-10절(잠언 28-29장 中)

씨앗말씀 · 오늘 내게 심어진 한 절 말씀

악인은 쫓아오는 사람이 없어도 도망다니지만 의인은 사자같이 담대합니다.
믿음이 있기 때문입니다. 걱정과 근심보다는 기도로 승리합니다.

하나님의 말씀을 잃은 사람은 악인을 칭찬하고 함께하지만 말씀 중심으로 오직 믿음으로 사는 사람은 끊임없이 하나님을 바라보고 용기를 가집니다.
약한 자에게 강하지 않고 강한 자에게 강합니다.
악을 타협하지 않고 오직 하나님을 붙잡습니다.
가난하다 할지라도 성실함으로 나아가기 때문에 부자이면서 비열한 사람과 비교하지 않습니다. 비록 기도를 많이 한다 해도 말씀을 따라 살면서 하지 않으면 성경은 이것을 가증하다고 말합니다. 기도와 삶이 일치되야 한다는 이야기입니다.

스스로 악의 함정에 빠지는 삶이 아닌 오직 성실함과 신실함으로 하나님을 바라보는 이는 더디다 해도 반드시 허락된 약속의 길을 갑니다.
그리고 그 약속대로 하나님께서 응답하십니다. 하나님을 믿는 믿음으로 연약함이 오히려 하나님의 강함을 드러내는 통로가 되는 담대한 삶이 되기를 소망합니다.

말씀의 가지

리더를 보면 알 수 있는 것: 사람들은 리더의 영향을 받는다. 따르는 사람들로부터 리더와 근본적으로 다른 모습을 기대할 수는 없다. 잠언 29장은 좋은 리더와 나쁜 리더의 영향력에 대해 말해 준다. 좋은 리더가 다스릴 때 사람들은 기뻐하고, 나쁜 리더가 다스릴 때 사람들은 괴로워한다. 도덕적 리더는 정의를 세우지만 타락한 리더는 나라를 멸망시킨다. 리더가 거짓말을 할 때, 따르는 이들도 거짓을 말한다. 비전이 확고하면 모두가 올바른 방향으로 나아가지만, 비전이 무너지면 혼란이 찾아온다.

(존 맥스웰, 큐티 리더십(중앙북스 2008), p.105)

말씀의 꽃 · 나만의 일독 큐티

말씀의 열매 · 기도 제목

아굴의 잠언

일독 성경 잠언 30장 1–9절(잠언 30–31장 中)

씨앗말씀 · 오늘 내게 심어진 한 절 말씀

아굴은 지혜자임에도 불구하고 하나님 앞에서 자신은 짐승과도 같다고 말합니다. 하나님의 섭리와 지혜에 비교할 수 없는 자신을 이야기하며 하나님을 아는 자가 누구인지 묻습니다.

자신도 세상의 누구도 하나님에 대하여 다 말할 수 없음은 하나님은 사람의 생각 속에 담길 수 없는 분이기 때문입니다.
내가 죽기 전에 두 가지를 주시옵소서. 간절한 마음으로 기도합니다.

첫 번째는 정직함입니다. 허탄과 거짓을 제하여 버리기를 간구합니다. 이것은 오직 말씀을 통해서만 가능합니다. 하나님의 말씀은 순전하여 더할 것도 덜 것도 없습니다. 온전한 말씀만이 기준이며 이것이 정직이고 믿음입니다. 말씀을 의지하여 살아갈 것을 간구합니다.

두 번째는 가난하게도 부하게도 마옵시고, 필요한 양식을 주시기를 간구합니다. 넘쳐서 교만해지지 않고 부족해서 죄를 짓지 않도록 오직 하나님의 도우심을 간절히 간구합니다. 아굴의 기도와 같이 우리의 인생이 말씀을 기준으로 정직히 행하며 겸손히 용기를 내어 하나님만을 바라보며 나아갈 때 진정한 지혜가 삶에 나타납니다. 오직 하나님을 의지함으로 승리하는 삶이 되기를 소망합니다.

말씀의 가지

구약성서 잠언은 탈무드에 버금가는 지혜의 책인데, 잠언의 히브리어 제목은 미실레 셀로모. 우리말로 옮기면 솔로몬왕이 가르치는 슬기로운 삶의 지혜이다. 앞서 언급했듯이, 구약 39권 가운데 솔로몬왕이 지은 책은 모두 3권이다. 이 중 말년에 남긴 책이 전도서다. 전도서의 히브리어 제목은 코할렛으로, 백성에게 지혜를 전파한다는 뜻이다.

(김욱, 세계를 움직이는 유대인의 모든 것(지훈 2005), p.162)

말씀의 꽃 · 나만의 일독 큐티

말씀의 열매 · 기도 제목

날짜 . . .

날짜 . . .

주일 설교 노트

날짜 . . .

날짜 ______ . . .

주일 설교 노트

날짜 . . .